# 老年实用手册

## 如何归纳自己的人生

宗泽亚　著

中国友谊出版公司

填写开始时间：　　　　　年　　　　月　　　　日

手册完成时间：　　　　　年　　　　月　　　　日

持有人（亲笔署名）：

指印：

# 目 录

序      i

手册填写注意事项      iii

## 1 我的一生和家庭

我的基本信息      002

我的学历与职历      003

我的诞生      004

我的婚姻      005

家族图谱      006

亲属名簿      008

友人名簿      010

亲属纪念日      012

友人纪念日      014

我的品性      016

我的感恩      018

我的年表      020

小知识

老人自费出版      040

社会保障卡的功用      041

老人物品整理术      042

临终关怀和安宁疗护      044

## 2 我的金融账户

我的银行账户      046

我的信用卡      048

我的投资     049

我的缴费契约   051

子女钱财互赠记录 052

亲朋好友互赠礼品记录 054

年度收支评估表  056

小知识 老后资产分类   057

老人房屋过户手续 058

遗产税和赠与税  060

负 债     064

# 3 我的生前预嘱

我的重病史    066

终末监护人    068

照护的嘱托    069

终末的预嘱    070

遗嘱的证言    072

遗留物品处理   074

存储载体处理   076

死亡解约手续   078

宠物过继嘱托   080

心中的后悔事   081

给家人的寄语   082

给友人的寄语   084

小知识 法定继承    086

继承的权利    087

遗产的法定分割  088

遗嘱的类型    090

自书遗嘱     091

公证遗嘱     095

遗嘱对继承的制约 096

自书遗嘱范例   098

遗嘱的封装    100

尊严死宣言书例 ①　　101
尊严死宣言书例 ②　　102

# 4 我的葬事安排

病危通知　　104
死亡通知　　105
葬礼形式　　106
尸骨安置　　108
葬礼选择　　110

小知识

逝者的葬礼　　111
宇宙葬　　112
钻石葬　　113
冰冻生态葬　　114
冷冻复苏葬　　115
器官移植与生命再生　　116

# 5 我的速查表

出门携带物品表　　118
紧急联络电话表　　120
家庭常用电话表　　121
百岁对照表　　122

小知识

怎样呼叫急救车　　124
急救车到达前应急处置　　125
老人误咽的急救　　126
手机遗失的紧急对策　　127

参考文献　　128
出版后记　　129
附件：《我的密码本》
　　　《自书遗嘱套装》

# 序

在生命的长河中，死亡问题是人类最重要的课题。世界各国、各民族、各宗教动员了所有智慧、所有学科，仍然无法完美解决好这个课题。老人是最接近自然死亡的脆弱群体。面对"终老"，对死神的畏惧让他们纠结于那些舍不掉、断不了、离不开、放不下的念想。如何迎接即将到来的这一天，怎样才能不留下人生的遗憾，成为老年人最关心的大事。

本书是一部专门为老人晚年生活设计的实用手册，系统地介绍了老人如何舍断离放、如何归纳自己的人生、如何转达个人终末意愿。手册中包罗了人生方方面面的信息，其中的记录能帮助老人正确地面对纠结，在离去前做好不后悔、不遗憾的准备。手册结合中国国情设计了诸多的表格，无须专业指导即可轻松完成，方便老人系统地归纳自己的人生。手册是一部回忆录，它引导老人重温自己的陈年往事；手册是一面人生的"照我镜"，它映出了自己人生的镜像，还原了一个真实的自我；手册是一部传言书，它预嘱了对终老的照护、医疗、资产、生活费、遗嘱、继承、墓地、葬礼等事务；手册带给老人一个全新的思考，帮助他们面对自己人生的谢幕。

《老年实用手册》整体的装帧构造设计为各自分离的三部分：主册《老年实用手册》以及《我的密码本》《自书遗嘱套装》两个附件。手册内容包括我的一生和家庭、我的金融账户、我的生前预嘱、我的葬事安排等，涉及老人晚年生活的类别区分。通过填写这些表格，老人可以对自己人生中的经历一目了然；清楚自己在三代大家族中的位置；把握自己的金融财产；明确在老年生活中应该如何善待自己、如何有尊严地死去、如何安置自己的遗骨。《我的密码本》作为备忘薄，供老人在复杂的信息社会里记录自己不可忘记的密码信息。密码本与主册分离，方便手册持有者隐藏密码本，增强了安全性。《自书遗嘱套装》则为手册持有者撰写自书遗嘱和封存遗嘱提供了方便。

《老年实用手册》是在老人意识清醒的状态下完成的，充分表达了其对延命的态度，以及对有尊严地死去的愿望。一旦出现医学上认定的失智、失忆、痴呆、植物人、临终等无法表达个人意愿的状况时，该手册就可以真实反映老人自己的意愿，成为向亲人倾述心境、坦露思想、表达意志、履行责任的嘱托。

　　这部具有个性化的《老年实用手册》是老人生涯最后的功课，承载着对家庭义不容辞的责任，老人不要因畏惧谈终论死而放弃自己应尽的职责。让我们秉承一生修得的良知，为了自己、亲人、友人，完成这部属于自己的老年实用手册。

作者　宗泽亚

# 手册填写注意事项

　　《老年实用手册》分为七个方面的内容。手册设计成表格的形式，采用选项的方式，尽量减少读者书写文字的负担。填写手册虽然不费气力，但是这是一个严肃、严谨的过程，必须经过认真思考后细致完成。《老年实用手册》的填写遵循以下注意事项：

## 1. 缓慢作业

　　《老年实用手册》可以视为人生最后的作业，在填写过程中没有必要一气呵成，可以缓慢地想写就写，不想写就改日再写。手册持有者必须在头脑清晰、没有肉体疲劳、没有精神负担的状况下完成手册的填写。

## 2. 严肃细致

　　《老年实用手册》是一部严肃的文书，表格中的所有文字、记号必须是手册持有者经过深思熟虑之后亲手书写而成。为了防止因书写错误、自相矛盾、任意涂改而失去手册的严肃性及有效性，建议在正式书写前先拟好草稿，然后再由本人誊写到手册表格内。

## 3. 订正修改

　　填写手册时不能使用可以擦去字迹的笔，应该选用不能擦去笔迹、能长期保存字迹的书写文具。手册中的内容是允许修改的，订正处画两条删改线，在页面余白处或行与行的间隙中写上修改后的文字。在追加内容写不下时，可以增添另外的纸张写入补充内容。为了声明订正内容是本人所为，涂改和订正过的地方需要按上指印为证。

## 4. 定期阅读

　　手册持有者应该定期阅读手册中的内容，以便根据状况的变化和新想法的产生对内容进行订正。例如当家庭中新成员诞生、老者仙逝以及成员姓名、年龄、住所、通信方法、自己的想法等发生变化时，手册持有者可以修改和增删手册中的内容，避免因记载的内容与实际状况不符而影响自身愿望的实现和相关者的利益。

## 5. 署名按印

《老年实用手册》填写完成后，一定要记入完成日期。如果之后出现文字增减等修改，需要记入修订时间，这是不可忽略的重要细节。在手册填写完成后，需要在签字按印的地方履行签字和按印的步骤，使《老年实用手册》成为有效力的文书。

## 6. 妥善保管

《老年实用手册》包含很多重要的个人隐私等信息，不适合给他人阅读，也不宜让他人无意窥视到，防止手册内记载的信息被人不当盗用。手册必须放置在比较私密的位置慎重保管。

## 7.《我的密码本》与《自书遗嘱套装》

《老年实用手册》包括手册主体和与其完全分离的两个附件。第一个附件是《我的密码本》，第二个附件是《自书遗嘱套装》。两个附件的内容包含了手册持有者最重要的隐私，包括密码、财产、遗嘱等不希望他人知道的秘密。《我的密码本》必须和手册主体分开保管，应该收藏到本人知道的隐秘且安全的位置。密码本还为手册持有者预留了更新密码的空格和空白页，便于持有者记录自定义的秘密信息。《自书遗嘱套装》是由遗嘱信封和八页专用空白遗嘱用纸组成。撰写好的自书遗嘱装入信封，并且粘合封口加按封印。自书遗嘱可以自己保管，如果个人聘有常年顾问律师，可把遗嘱交给律师保管。由于大部分人没有聘请专门律师，对此最方便的做法是将遗嘱交由双方值得信赖、身体健康的亲属代为保管，或直接将遗嘱交给对其有利的继承人保管。无论是自己或他人保管遗嘱，都应该将遗嘱收藏在防虫蛀、火烧、水渍、油浸、霉烂、腐变的隐秘且安全的位置保管。

## 8. 销毁旧稿

当《老年实用手册》过度涂改需要另册重做时，废弃的手册必须粉碎或烧毁，绝对不可以有两份内容不相同的手册存在，以免引发继承纠纷。手册持有人仙逝后，作为对亡者的尊重，其后人应将手册永久销毁。

## 9. 法律意义

《老年实用手册》的本质是个人愿望表达的平台，在涉及与法律相关的敏感问题时，法律上的效力相对有限。如果手册中有涉及重要财产继承的内容，强烈建议手册持有人向律师或公证机关咨询，另行订立一份公证遗嘱，以确保本人意愿的实现。

# 1 我的一生和家庭

# 我的基本信息

| 姓 名 | 现用名 | | 拼 音 | |
| --- | --- | --- | --- | --- |
| | 护照名 | | 拼 音 | |
| | 曾用名 | | 拼 音 | |
| | 乳 名 | | 拼 音 | |
| | 外文名 | | 拼 音 | |
| | 昵 称 | | 拼 音 | |
| 出 生 | 性 别 | □男　　□女 | 血 型 | □O□A□B□AB□ |
| | 公 历 | 年 月 日 | 农 历 | 年 月 日 |
| | 生 辰 | | 生 肖 | |
| 面 貌 | 民 族 | | 党 派 | |
| | 宗 教 | | 信 仰 | |
| 出 生 地 | 国家：　　省：　　市县镇乡街： | | | |
| 籍 贯 | 国家：　　省：　　市县镇乡街： | | | |
| 户口所在地 | 国家：　　省：　　市县镇乡街： | | | |
| 现居住地 | 国家：　　省：　　市县镇乡街： | | | |
| 其他居地① | 国家：　　省：　　市县镇乡街： | | | |
| 其他居地② | 国家：　　省：　　市县镇乡街： | | | |
| 证 件 | 身份证号 | | 护照号 | |
| | 社保卡号 | | 驾驶证号 | |
| | | | | |
| | | | | |
| | | | | |
| 电 话 | 座 机① | | 手 机① | |
| | 座 机② | | 手 机② | |
| QQ／微信 | QQ号① | | 微信号① | |
| | QQ号② | | 微信号② | |
| 电子信箱 | 电子信箱① | | 电子信箱③ | |
| | 电子信箱② | | 电子信箱④ | |

| 学　历 | | 年　龄 | 毕　业 | 学校名称 | 所在地 |
|---|---|---|---|---|---|
| 年　月 ~ | 年　月 | | □ 有 □ 无 | | |
| 年　月 ~ | 年　月 | | □ 有 □ 无 | | |
| 年　月 ~ | 年　月 | | □ 有 □ 无 | | |
| 年　月 ~ | 年　月 | | □ 有 □ 无 | | |
| 年　月 ~ | 年　月 | | □ 有 □ 无 | | |
| 年　月 ~ | 年　月 | | □ 有 □ 无 | | |
| 年　月 ~ | 年　月 | | □ 有 □ 无 | | |
| 年　月 ~ | 年　月 | | □ 有 □ 无 | | |
| 年　月 ~ | 年　月 | | □ 有 □ 无 | | |
| 年　月 ~ | 年　月 | | □ 有 □ 无 | | |
| 年　月 ~ | 年　月 | | □ 有 □ 无 | | |
| 年　月 ~ | 年　月 | | □ 有 □ 无 | | |

| 职　历 | | 年　龄 | 职　务 | 单位名称 | 所在地 |
|---|---|---|---|---|---|
| 年　月 ~ | 年　月 | | | | |
| 年　月 ~ | 年　月 | | | | |
| 年　月 ~ | 年　月 | | | | |
| 年　月 ~ | 年　月 | | | | |
| 年　月 ~ | 年　月 | | | | |
| 年　月 ~ | 年　月 | | | | |
| 年　月 ~ | 年　月 | | | | |
| 年　月 ~ | 年　月 | | | | |
| 年　月 ~ | 年　月 | | | | |
| 年　月 ~ | 年　月 | | | | |
| 年　月 ~ | 年　月 | | | | |
| 年　月 ~ | 年　月 | | | | |
| 年　月 ~ | 年　月 | | | | |

# 我的诞生

| | | | |
|---|---|---|---|
| 我的姓名 | | 曾用姓名 | |
| 我的小名 | | 姓名拼音 | |
| 出生日期 | 年　月　日 星期（　） | 出生时间 | □□时　□□分　□□秒 |
| 分娩时长 | □□小时　□□分钟 | 出生形式 | □顺产　　□剖腹产 |
| 健康状况 | □良好　□一般　□差 | 性　别 | □男　　　□女 |
| 出生身长 | □尺□寸 / □□厘米 | 出生体重 | □斤□两 / □□□□克 |
| 降生时辰 | 子丑寅卯辰巳午未申酉戌亥 | 我的生肖 | 鼠牛虎兔龙蛇马羊猴鸡狗猪 |
| 血　型 | □O □B □A □AB □ | 出生证明 | □有　□无　□丢失 |
| 出生医院 | | 助产医生 | |
| 助产护士 | | 手腕编号 | |
| 出生国家 | | 省市县乡 | |
| 母亲姓名 | 年龄 | 国　籍 | 民族 |
| 证　件 | □身份证　　□护照 | 证件号码 | |
| 父亲姓名 | 年龄 | 国　籍 | 民族 |
| 证　件 | □身份证　　□护照 | 证件号码 | |
| 起名的人 | | 相互关系 | |
| 我出生时的故事 | | | |

**在妈妈腹中的彩超照片**

照片贴在此框内

**我降生时的照片**

照片贴在此框内

| 婚姻经历 | | 第一任配偶 | 第二任配偶 | 第三任配偶 |
|---|---|---|---|---|
| 姓　名 | 户口姓名 | | | |
| | 护照拼音 | | | |
| | 爱　　称 | | | |
| | 外 文 名 | | | |
| 族　系 | 民　　族 | | | |
| | 籍　　贯 | | | |
| | 宗　　教 | | | |
| 彼方的婚前婚姻 | | □ 未婚　□ 曾婚 | □ 未婚　□ 曾婚 | □ 未婚　□ 曾婚 |
| 彼方出生日期 | | 年　月　日 | 年　月　日 | 年　月　日 |
| 现在年龄（我／彼） | | / | / | / |
| 交际年龄（我／彼） | | / | / | / |
| 订婚年龄（我／彼） | | / | / | / |
| 结婚年龄（我／彼） | | / | / | / |
| 离婚年龄（我／彼） | | / | / | / |
| 再婚年龄（我／彼） | | / | / | / |
| 结婚证登记日 | | 年　月　日 | 年　月　日 | 年　月　日 |
| 彼方的逝世日 | | 年　月　日 | 年　月　日 | 年　月　日 |
| 生育子女 | 姓　　名 | 诞 生 日 | 诞 生 日 | 诞 生 日 |
| □男　□女 | | 年　月　日 | 年　月　日 | 年　月　日 |
| □男　□女 | | 年　月　日 | 年　月　日 | 年　月　日 |
| □男　□女 | | 年　月　日 | 年　月　日 | 年　月　日 |
| □男　□女 | | 年　月　日 | 年　月　日 | 年　月　日 |
| 养子女 | 姓　　名 | 诞 生 日 | 诞 生 日 | 诞 生 日 |
| □男　□女 | | | | |

## 婚姻生活大事记

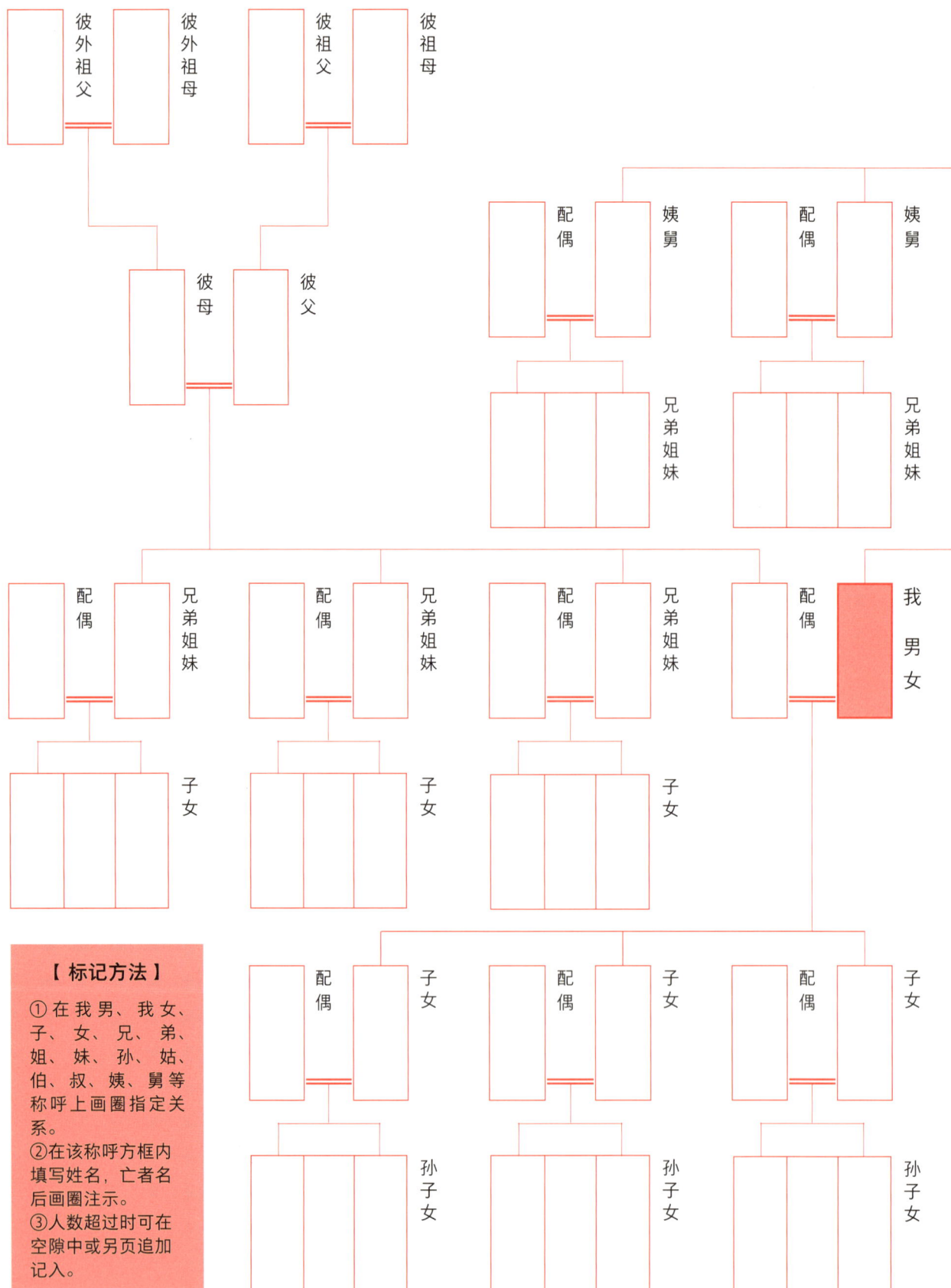

# 家族图谱

彼外祖父　彼外祖母　彼祖父　彼祖母

姨舅　配偶　姨舅　配偶

彼母　彼父

兄弟姐妹　兄弟姐妹

兄弟姐妹　配偶　兄弟姐妹　配偶　兄弟姐妹　配偶　我男女　配偶

子女　子女　子女

子女　配偶　子女　配偶　子女　配偶

孙子女　孙子女　孙子女

【标记方法】

①在我男、我女、子、女、兄、弟、姐、妹、孙、姑、伯、叔、姨、舅等称呼上画圈指定关系。

②在该称呼方框内填写姓名，亡者名后画圈注示。

③人数超过时可在空隙中或另页追加记入。

外祖父　外祖母　　祖父　祖母

姑伯叔　配偶　　姑伯叔　配偶

我母　我父

兄弟姐妹　　兄弟姐妹

兄弟姐妹　配偶　　兄弟姐妹　配偶　　兄弟姐妹　配偶　　兄弟姐妹　配偶

子女　　子女　　子女　　子女

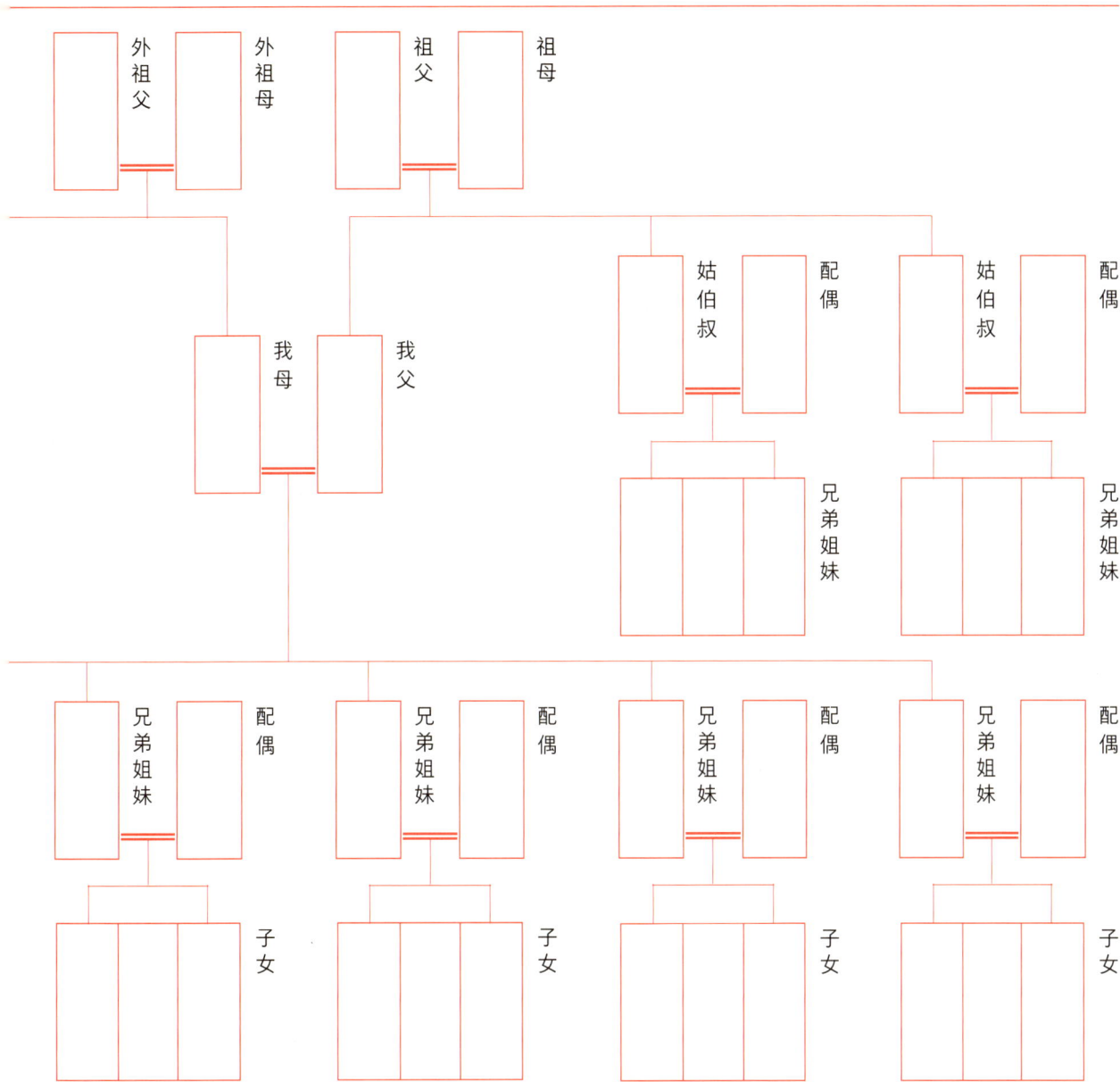

## 家族重要公示

# 亲属名簿

| 姓　名 | 性　别 | 亲属关系 | 固定电话 | 手　机　号 |
|---|---|---|---|---|
| | 年　龄 | QQ号 | 微信号 | 电子信箱 |
| | □男 □女 | | | |
| | 岁 | | | |
| | □男 □女 | | | |
| | 岁 | | | |
| | □男 □女 | | | |
| | 岁 | | | |
| | □男 □女 | | | |
| | 岁 | | | |
| | □男 □女 | | | |
| | 岁 | | | |
| | □男 □女 | | | |
| | 岁 | | | |
| | □男 □女 | | | |
| | 岁 | | | |
| | □男 □女 | | | |
| | 岁 | | | |
| | □男 □女 | | | |
| | 岁 | | | |
| | □男 □女 | | | |
| | 岁 | | | |
| | □男 □女 | | | |
| | 岁 | | | |
| | □男 □女 | | | |
| | 岁 | | | |

| 姓　名 | 性　别 | 亲属关系 | 固定电话 | 手　机　号 |
|---|---|---|---|---|
| | 年　龄 | QQ 号 | 微　信　号 | 电子信箱 |
| | □男 □女 | | | |
| | 岁 | | | |
| | □男 □女 | | | |
| | 岁 | | | |
| | □男 □女 | | | |
| | 岁 | | | |
| | □男 □女 | | | |
| | 岁 | | | |
| | □男 □女 | | | |
| | 岁 | | | |
| | □男 □女 | | | |
| | 岁 | | | |
| | □男 □女 | | | |
| | 岁 | | | |
| | □男 □女 | | | |
| | 岁 | | | |
| | □男 □女 | | | |
| | 岁 | | | |
| | □男 □女 | | | |
| | 岁 | | | |
| | □男 □女 | | | |
| | 岁 | | | |
| | □男 □女 | | | |
| | 岁 | | | |

# 友人名簿

| 姓　名 | 性　别 | 亲属关系 | 固定电话 | 手　机　号 |
|---|---|---|---|---|
| | 年　龄 | QQ 号 | 微　信　号 | 电子信箱 |
| | □男 □女 | | | |
| | 岁 | | | |
| | □男 □女 | | | |
| | 岁 | | | |
| | □男 □女 | | | |
| | 岁 | | | |
| | □男 □女 | | | |
| | 岁 | | | |
| | □男 □女 | | | |
| | 岁 | | | |
| | □男 □女 | | | |
| | 岁 | | | |
| | □男 □女 | | | |
| | 岁 | | | |
| | □男 □女 | | | |
| | 岁 | | | |
| | □男 □女 | | | |
| | 岁 | | | |
| | □男 □女 | | | |
| | 岁 | | | |
| | □男 □女 | | | |
| | 岁 | | | |
| | □男 □女 | | | |
| | 岁 | | | |

| 姓　名 | 性　别 | 亲属关系 | 固定电话 | 手 机 号 |
| | 年　龄 | QQ号 | 微 信 号 | 电子信箱 |
| | □男 □女 | | | |
| | 岁 | | | |
| | □男 □女 | | | |
| | 岁 | | | |
| | □男 □女 | | | |
| | 岁 | | | |
| | □男 □女 | | | |
| | 岁 | | | |
| | □男 □女 | | | |
| | 岁 | | | |
| | □男 □女 | | | |
| | 岁 | | | |
| | □男 □女 | | | |
| | 岁 | | | |
| | □男 □女 | | | |
| | 岁 | | | |
| | □男 □女 | | | |
| | 岁 | | | |
| | □男 □女 | | | |
| | 岁 | | | |
| | □男 □女 | | | |
| | 岁 | | | |
| | □男 □女 | | | |
| | 岁 | | | |

# 亲属纪念日

## 1. 亲属生日

| 姓名 | | 关系 | | 生日 | 阴历 / 阳历 | 年 | 月 | 日 |
|---|---|---|---|---|---|---|---|---|
| 姓名 | | 关系 | | 生日 | 阴历 / 阳历 | 年 | 月 | 日 |
| 姓名 | | 关系 | | 生日 | 阴历 / 阳历 | 年 | 月 | 日 |
| 姓名 | | 关系 | | 生日 | 阴历 / 阳历 | 年 | 月 | 日 |
| 姓名 | | 关系 | | 生日 | 阴历 / 阳历 | 年 | 月 | 日 |
| 姓名 | | 关系 | | 生日 | 阴历 / 阳历 | 年 | 月 | 日 |
| 姓名 | | 关系 | | 生日 | 阴历 / 阳历 | 年 | 月 | 日 |
| 姓名 | | 关系 | | 生日 | 阴历 / 阳历 | 年 | 月 | 日 |
| 姓名 | | 关系 | | 生日 | 阴历 / 阳历 | 年 | 月 | 日 |
| 姓名 | | 关系 | | 生日 | 阴历 / 阳历 | 年 | 月 | 日 |
| 姓名 | | 关系 | | 生日 | 阴历 / 阳历 | 年 | 月 | 日 |
| 姓名 | | 关系 | | 生日 | 阴历 / 阳历 | 年 | 月 | 日 |
| 姓名 | | 关系 | | 生日 | 阴历 / 阳历 | 年 | 月 | 日 |
| 姓名 | | 关系 | | 生日 | 阴历 / 阳历 | 年 | 月 | 日 |
| 姓名 | | 关系 | | 生日 | 阴历 / 阳历 | 年 | 月 | 日 |
| 姓名 | | 关系 | | 生日 | 阴历 / 阳历 | 年 | 月 | 日 |
| 姓名 | | 关系 | | 生日 | 阴历 / 阳历 | 年 | 月 | 日 |
| 姓名 | | 关系 | | 生日 | 阴历 / 阳历 | 年 | 月 | 日 |
| 姓名 | | 关系 | | 生日 | 阴历 / 阳历 | 年 | 月 | 日 |
| 姓名 | | 关系 | | 生日 | 阴历 / 阳历 | 年 | 月 | 日 |

## 2. 亲属祭日

| 姓名 | | 关系 | | 祭日 | 阴历 / 阳历 | 年 | 月 | 日 |
|---|---|---|---|---|---|---|---|---|
| 姓名 | | 关系 | | 祭日 | 阴历 / 阳历 | 年 | 月 | 日 |
| 姓名 | | 关系 | | 祭日 | 阴历 / 阳历 | 年 | 月 | 日 |
| 姓名 | | 关系 | | 祭日 | 阴历 / 阳历 | 年 | 月 | 日 |
| 姓名 | | 关系 | | 祭日 | 阴历 / 阳历 | 年 | 月 | 日 |
| 姓名 | | 关系 | | 祭日 | 阴历 / 阳历 | 年 | 月 | 日 |
| 姓名 | | 关系 | | 祭日 | 阴历 / 阳历 | 年 | 月 | 日 |
| 姓名 | | 关系 | | 祭日 | 阴历 / 阳历 | 年 | 月 | 日 |
| 姓名 | | 关系 | | 祭日 | 阴历 / 阳历 | 年 | 月 | 日 |
| 姓名 | | 关系 | | 祭日 | 阴历 / 阳历 | 年 | 月 | 日 |

## 3. 特别纪念日

| 姓名 | | 理由 | | 纪念日 | 阴历 / 阳历 | 年 | 月 | 日 |
|---|---|---|---|---|---|---|---|---|
| 姓名 | | 理由 | | 纪念日 | 阴历 / 阳历 | 年 | 月 | 日 |
| 姓名 | | 理由 | | 纪念日 | 阴历 / 阳历 | 年 | 月 | 日 |
| 姓名 | | 理由 | | 纪念日 | 阴历 / 阳历 | 年 | 月 | 日 |
| 姓名 | | 理由 | | 纪念日 | 阴历 / 阳历 | 年 | 月 | 日 |
| 姓名 | | 理由 | | 纪念日 | 阴历 / 阳历 | 年 | 月 | 日 |
| 姓名 | | 理由 | | 纪念日 | 阴历 / 阳历 | 年 | 月 | 日 |
| 姓名 | | 理由 | | 纪念日 | 阴历 / 阳历 | 年 | 月 | 日 |
| 姓名 | | 理由 | | 纪念日 | 阴历 / 阳历 | 年 | 月 | 日 |
| 姓名 | | 理由 | | 纪念日 | 阴历 / 阳历 | 年 | 月 | 日 |
| 姓名 | | 理由 | | 纪念日 | 阴历 / 阳历 | 年 | 月 | 日 |

# 友人纪念日

## 1. 友人生日

| 姓名 | | 关系 | | 生日 | 阴历 / 阳历 | 年 | 月 | 日 |
|------|--|------|--|------|------------|----|----|----|
| 姓名 | | 关系 | | 生日 | 阴历 / 阳历 | 年 | 月 | 日 |
| 姓名 | | 关系 | | 生日 | 阴历 / 阳历 | 年 | 月 | 日 |
| 姓名 | | 关系 | | 生日 | 阴历 / 阳历 | 年 | 月 | 日 |
| 姓名 | | 关系 | | 生日 | 阴历 / 阳历 | 年 | 月 | 日 |
| 姓名 | | 关系 | | 生日 | 阴历 / 阳历 | 年 | 月 | 日 |
| 姓名 | | 关系 | | 生日 | 阴历 / 阳历 | 年 | 月 | 日 |
| 姓名 | | 关系 | | 生日 | 阴历 / 阳历 | 年 | 月 | 日 |
| 姓名 | | 关系 | | 生日 | 阴历 / 阳历 | 年 | 月 | 日 |
| 姓名 | | 关系 | | 生日 | 阴历 / 阳历 | 年 | 月 | 日 |
| 姓名 | | 关系 | | 生日 | 阴历 / 阳历 | 年 | 月 | 日 |
| 姓名 | | 关系 | | 生日 | 阴历 / 阳历 | 年 | 月 | 日 |
| 姓名 | | 关系 | | 生日 | 阴历 / 阳历 | 年 | 月 | 日 |
| 姓名 | | 关系 | | 生日 | 阴历 / 阳历 | 年 | 月 | 日 |
| 姓名 | | 关系 | | 生日 | 阴历 / 阳历 | 年 | 月 | 日 |
| 姓名 | | 关系 | | 生日 | 阴历 / 阳历 | 年 | 月 | 日 |
| 姓名 | | 关系 | | 生日 | 阴历 / 阳历 | 年 | 月 | 日 |
| 姓名 | | 关系 | | 生日 | 阴历 / 阳历 | 年 | 月 | 日 |
| 姓名 | | 关系 | | 生日 | 阴历 / 阳历 | 年 | 月 | 日 |
| 姓名 | | 关系 | | 生日 | 阴历 / 阳历 | 年 | 月 | 日 |
| 姓名 | | 关系 | | 生日 | 阴历 / 阳历 | 年 | 月 | 日 |

## 2. 友人祭日

| 姓名 | | 关系 | | 祭日 | 阴历 / 阳历 | 年 | 月 | 日 |
|---|---|---|---|---|---|---|---|---|
| 姓名 | | 关系 | | 祭日 | 阴历 / 阳历 | 年 | 月 | 日 |
| 姓名 | | 关系 | | 祭日 | 阴历 / 阳历 | 年 | 月 | 日 |
| 姓名 | | 关系 | | 祭日 | 阴历 / 阳历 | 年 | 月 | 日 |
| 姓名 | | 关系 | | 祭日 | 阴历 / 阳历 | 年 | 月 | 日 |
| 姓名 | | 关系 | | 祭日 | 阴历 / 阳历 | 年 | 月 | 日 |
| 姓名 | | 关系 | | 祭日 | 阴历 / 阳历 | 年 | 月 | 日 |
| 姓名 | | 关系 | | 祭日 | 阴历 / 阳历 | 年 | 月 | 日 |
| 姓名 | | 关系 | | 祭日 | 阴历 / 阳历 | 年 | 月 | 日 |
| 姓名 | | 关系 | | 祭日 | 阴历 / 阳历 | 年 | 月 | 日 |

## 3. 特别纪念日

| 姓名 | | 理由 | | 纪念日 | 阴历 / 阳历 | 年 | 月 | 日 |
|---|---|---|---|---|---|---|---|---|
| 姓名 | | 理由 | | 纪念日 | 阴历 / 阳历 | 年 | 月 | 日 |
| 姓名 | | 理由 | | 纪念日 | 阴历 / 阳历 | 年 | 月 | 日 |
| 姓名 | | 理由 | | 纪念日 | 阴历 / 阳历 | 年 | 月 | 日 |
| 姓名 | | 理由 | | 纪念日 | 阴历 / 阳历 | 年 | 月 | 日 |
| 姓名 | | 理由 | | 纪念日 | 阴历 / 阳历 | 年 | 月 | 日 |
| 姓名 | | 理由 | | 纪念日 | 阴历 / 阳历 | 年 | 月 | 日 |
| 姓名 | | 理由 | | 纪念日 | 阴历 / 阳历 | 年 | 月 | 日 |
| 姓名 | | 理由 | | 纪念日 | 阴历 / 阳历 | 年 | 月 | 日 |
| 姓名 | | 理由 | | 纪念日 | 阴历 / 阳历 | 年 | 月 | 日 |
| 姓名 | | 理由 | | 纪念日 | 阴历 / 阳历 | 年 | 月 | 日 |

# 我的品性

## 1. 我的品格

| ● 善恶属性 | | | ● 私利取向 | | |
|---|---|---|---|---|---|
| □ 心慈善良 | □ 善恶无心 | □ | □ 利己至上 | □ 淡漠私利 | □ |
| ● 世界观 | | | ● 人生观 | | |
| □ 唯物主义 | □ 唯心主义 | □ | □ 生存至上 | □ 苦乐荣辱 | □ |
| ● 价值观 | | | ● 生死观 | | |
| □ 理性区分 | □ 主观臆断 | □ | □ 生死有命 | □ 善生善死 | □ |
| ● 宗教信仰 | | | ● 主义信仰 | | |
| □ 虔诚信奉 | □ 寄以慰藉 | □ | □ 坚定分子 | □ 动摇分子 | □ |
| ● 孝敬父母 | | | ● 尊敬师长 | | |
| □ 以身作则 | □ 言不及行 | □ | □ 恭敬有礼 | □ 目无尊长 | □ |
| ● 面对强弱 | | | ● 为人处世 | | |
| □ 同情弱者 | □ 畏强欺弱 | □ | □ 正直宽容 | □ 不善圆滑 | □ |
| ● 对待子女 | | | ● 对待友人 | | |
| □ 因势利导 | □ 娇惯溺爱 | □ | □ 以诚相待 | □ 宽容灵活 | □ |

## 2. 我的特点

| ● 我的面孔 | | | ● 我的身材 | | |
|---|---|---|---|---|---|
| □ 一般型 | □ 魅力型 | □ | □ 高挑型 | □ 肥胖型 | □ |
| ● 我的性格 | | | ● 我的特长 | | |
| □ 豪爽多语 | □ 文静寡言 | □ | □ 人际沟通 | □ 乐器演奏 | □ |
| ● 生平长处 | | | ● 生平短处 | | |
| □ 为人谦和 | □ 助人为乐 | □ | □ 优柔寡断 | □ 尖刻嫉妒 | □ |
| ● 擅长的事 | | | ● 笨拙的事 | | |
| □ 办事干脆 | □ 做精细活 | □ | □ 男女交际 | □ 数字计算 | □ |
| ● 喜欢的领袖 | | | ● 喜欢的圣人 | | |
| □ 华盛顿 | □ 毛泽东 | □ | □ 释迦牟尼 | □ 老子 | □ |
| ● 最崇拜的人 | | | ● 敬爱的师长 | | |
| □ 我的父亲 | □ 我的母亲 | □ | □ 我的老师 | □ 我的父辈 | □ |
| ● 我最爱的人 | | | ● 影响我的人 / 事物 | | |
| □ 我的妻子 | □ 我的孩子 | □ | □ 小学老师 | □ 一句名言 | □ |

| ● 职业的长项 | | | ● 动手的能力 | | |
|---|---|---|---|---|---|
| □ 电脑操作 | □ 项目企划 | □ | □ 心灵手巧 | □ 缓慢粗糙 | □ |
| ● 我喜欢的人 | | | ● 我讨厌的人 | | |
| □ 正直开朗 | □ 办事认真 | □ | □ 好吃懒做 | □ 以强凌弱 | □ |

## 3. 我的喜好

| ● 喜欢的男人 | | | ● 喜欢的女人 | | |
|---|---|---|---|---|---|
| □ 肌腱强壮 | □ 顾家守业 | □ | □ 善解人意 | □ 温柔体贴 | □ |
| ● 喜欢的作家 | | | ● 喜欢的图书 | | |
| □ 高尔基 | □ 莫言 | □ | □《西游记》 | □《三国志》 | □ |
| ● 喜欢的体育 | | | ● 喜欢的音乐 | | |
| □ 游泳 | □ 乒乓球 | □ | □ 轻音乐 | □ 钢琴曲 | □ |
| ● 喜欢的美食 | | | ● 喜欢的饮料 | | |
| □ 麻辣味 | □ 甜酸味 | □ | □ 白开水 | □ 茶水 | □ |
| ● 喜欢的植物 | | | ● 喜欢的味道 | | |
| □ 含羞草 | □ 仙人掌 | □ | □ 牧草香 | □ 玫瑰香 | □ |
| ● 喜欢的动物 | | | ● 喜欢的昆虫 | | |
| □ 柴犬 | □ 波斯猫 | □ | □ 蟋蟀 | □ 知了 | □ |
| ● 喜欢的季节 | | | ● 喜欢的气候 | | |
| □ 秋天 | □ 春天 | □ | □ 北方干燥 | □ 南方潮湿 | □ |
| ● 喜欢的衣服 | | | ● 喜欢的颜色 | | |
| □ 牛仔服 | □ 西服 | □ | □ 红色基调 | □ 黑色 / 绀色 | □ |
| ● 喜欢的电影 | | | ● 喜欢的电视 | | |
| □ 战争片 | □ 悬疑片 | □ | □ 新闻报道 | □ 焦点访谈 | □ |
| ● 喜欢的城市 | | | ● 喜欢的街道 | | |
| □ 青岛 | □ 京都 | □ | □ 绿色娴静 | □ 嘈杂喧闹 | □ |
| ● 喜欢的环境 | | | ● 喜欢的品格 | | |
| □ 空气清新 | □ 有山有水 | □ | □ 和善有礼 | □ 互相帮助 | □ |
| ● 喜欢的旅游地 | | | ● 喜欢的蜗居方式 | | |
| □ 海边 | □ 名胜古迹 | □ | □ 居家看书 | □ 居家游戏 | □ |

注：请在方框中打钩选择最适合自己的选项，备份框可以根据自己的情况打钩记入。

# 我的感恩

| 感恩年龄： | 感恩时间： | 年　　月　　日 | 感恩人物： |
|---|---|---|---|

| 感恩年龄： | 感恩时间： | 年　　月　　日 | 感恩人物： |
|---|---|---|---|

| 感恩年龄： | 感恩时间： | 年　　月　　日 | 感恩人物： |
|---|---|---|---|

　　　　　　　　　　　　　　　　　　　　　　**我的感恩**

| 感恩年龄： | 感恩时间：　　　　年　　　月　　　日 | 感恩人物： |
| --- | --- | --- |
| | | |

| 感恩年龄： | 感恩时间：　　　　年　　　月　　　日 | 感恩人物： |
| --- | --- | --- |
| | | |

| 感恩年龄： | 感恩时间：　　　　年　　　月　　　日 | 感恩人物： |
| --- | --- | --- |
| | | |

# 我的年表

| 年 份 | 中国大事记 | 世界大事记 |
|---|---|---|
| **1921 年** | 中共一大召开，宣布中国共产党成立；粤汉铁路、陇海铁路等地工人举行罢工；孙中山就任中华民国非常大总统；孙中山在桂林成立北伐大本营 | 希特勒当选为纳粹党主席；大不列颠及北爱尔兰联合王国成立；墨索里尼成立意大利国家法西斯党；爱因斯坦获得诺贝尔物理学奖 |
| **1922 年** | 孙中山接受共产国际建议与中共合作；孙中山以大元帅名义发动员令，命令各军出师北伐；中日签订《山东悬案细目协定》；香港海员大罢工；中共二大召开；陈炯明叛乱 | 奥斯曼帝国灭亡；美、英、法等九国签署《九国公约》，打破了日本对中国的独占；埃及独立；苏维埃社会主义共和国联盟成立，简称苏联 |
| **1923 年** | 京汉铁路工人大罢工；吴佩孚制造"二七惨案"；孙中山确立国民党的联俄政策；中共协助办理国民党改组事宜；中共三大召开；《民国邮务报告》称全国人口4.4亿 | 英国托管巴勒斯坦地区；美国迪斯尼公司创立；德国纳粹分子在慕尼黑举行"啤酒馆暴动"，纳粹党被取缔；土耳其共和国建立 |
| **1924 年** | 国民党一大召开，孙中山确立联俄、联共、扶助农工的三大政策；孙中山重新解释三民主义理论；蒋介石任命为黄埔军校校长；清朝末代皇帝溥仪被赶出紫禁城 | 苏联领导人列宁逝世，斯大林开始执政；甘地当选为印度国大党主席；英国承认苏联；法国与苏联建交 |
| **1925 年** | 孙中山在北京逝世；上海反帝游行，租界巡捕镇压示威群众酿成"五卅惨案"；"国民政府"在广州成立；国民党左派领袖廖仲恺被暗杀；中共四大召开 | 波斯巴列维王朝建立；苏联制定了优先发展重工业的工业化方针；德国希特勒纳粹党重建；"洛迦诺（瑞士）会议"召开 |
| **1926 年** | 国民党举行二大，决定贯彻执行联俄、联共、扶助农工的三大政策；蒋介石在广州制造中山舰事件；国民革命军在广州誓师北伐，北伐战争正式开始 | 英国电器工程师贝尔德发明了电视；有声电影诞生；裕仁即位日本天皇，改年号"昭和"；英国爆发总罢工；意大利开始墨索里尼法西斯党独裁专政 |
| **1927 年** | 毛泽东考察湖南农民运动；蒋介石在上海发动"四一二"反革命政变；汪精卫在武汉发动"七一五反革命政变"；南昌起义；秋收起义；井冈山革命根据地建立 | 沙特阿拉伯正式脱离英国的统治独立；美国平均每六人拥有一辆汽车；日军以保护侨民为由在青岛登陆；日本制定对华侵略总策略 |
| **1928 年** | 朱德、陈毅率领部分南昌起义和湖南起义的队伍到达井冈山；彭德怀、彭代远率领红五军到达井冈山；张作霖在皇姑屯被炸身亡；张学良宣布东北易帜 | 英国医学家弗莱明发现青霉素；胡佛当选美国总统；苏联开始第一个五年计划；俄国革命家里昂·托洛茨基被迫流亡海外 |
| **1929 年** | 奉天省改名为辽宁省；古田会议召开；中国古人类学家裴文中在北京周口店主持发掘出北京猿人第一个完整的头盖骨；梁启超在北京逝世 | 意大利政府承认梵蒂冈为主权国家，主权属于教皇；西班牙"巴塞罗那世博会"开幕；资本主义世界爆发经济大危机；华尔街股票交易所爆发"黑色星期四" |
| **1930 年** | 毛泽东提出"星星之火可以燎原"；中原大战爆发，军阀混战；蒋介石调集十万大军，对中央革命根据地"围剿"；红军粉碎了国民党第一次围剿 | 法国修建马其诺防线；苏联执行农业集体化政策；五大国签署《伦敦海军条约》；越南共产党成立 |

| 年　龄 | 我的足迹（发生的事 、 遇到的人 、 当时的感想） |
|---|---|
| 岁 | |
| 岁 | |
| 岁 | |
| 岁 | |
| 岁 | |
| 岁 | |
| 岁 | |
| 岁 | |
| 岁 | |
| 岁 | |

# 我的年表

| 年 份 | 中国大事记 | 世界大事记 |
|---|---|---|
| **1931 年** | 红军粉碎国民党第二、三次围剿；"九一八"事变，日本占领东三省；蒋介石发表演说，坚持"攘外必先安内"；中华苏维埃共和国临时政府成立 | 英国颁布《威斯敏斯特法》，澳大利亚独立；英联邦成立；加拿大独立；西班牙第二共和国成立；纽约帝国大厦落成 |
| **1932 年** | "一·二八"日军进攻上海，十九路军奋起抗战；红军在第四次反围剿中失利，毛泽东被排挤出红军领导职务；日本扶植清废帝溥仪在长春建立伪满洲国 | 印度国大党被英国当局宣布非法，甘地入狱；纳粹党成为德国议会的第一大党；苏联的"农业集体化运动"基本结束 |
| **1933 年** | 日军侵占热河；中共发表宣言"停止内战，一致抗日"；关东军在东北组建731细菌战部队；中央军委决定8月1日为红军建军纪念日；博古和李德指挥作战失利 | 罗斯福就任美国总统；德国纳粹党希特勒被任命为总理；美国国会颁布《国家工业复兴法》；苏联作家奥斯特洛夫斯基《钢铁是怎样炼成的》小说完成 |
| **1934 年** | 中共临时中央召开六届五中全会，"左"倾错误严重；红军第五次反围剿失败；中共红军被迫开始长征；毛泽东重回指挥权扭转红军颓势；杨靖宇成立东北人民革命军 | 德国总统兴登堡去世，希特勒成为德国国家元首兼总理；苏联加入国联，并成为会员国；苏联肃反运动开始 |
| **1935 年** | 遵义会议确立了毛泽东的领导地位；长征中张国焘分裂中央；中央红军与陕北红军在陕甘宁边区胜利会师；共产党领导的"一二·九"抗日救国运动声势浩大 | 波斯改名为"伊朗"；"反法西斯人民阵线"成立；希特勒通过立法，取消犹太人的德国国籍；苏联开始大清洗；第一部彩色电影《浮华世家》拍摄成功 |
| **1936 年** | 东北抗日联军编成；中共提出国共两党"合作抗日"主张；红军三大主力会师长征结束；西安事变蒋介石被迫联共抗日；赵一曼英勇就义；鲁迅在上海病逝 | 德国柏林举办第11届奥运会；德、意、日"轴心国"形成；日本一批军国主义分子发动"二·二六兵变"；广田弘毅任日本第32任首相 |
| **1937 年** | 国共实现第二次合作，结成"抗日民族统一战线"；卢沟桥七七事变；日军大举进攻上海，军民奋力抗战；淞沪会战惨烈；国民政府迁都；南京大屠杀事件 | 张伯伦任英国首相；退位英王爱德华八世迎娶辛普森夫人；铁托被任命为南斯拉夫共产党总书记 |
| **1938 年** | 毛泽东发表《论持久战》；李宗仁指挥徐州会战，取得台儿庄大捷；白求恩率领医疗队到达延安；新四军建立抗日敌后根据地；汪精卫公开投降日本 | 德国吞并奥地利和捷克斯洛伐克；德国纳粹强迫犹太人移居国外；美国通用公司发明荧光灯；德、意、英、法四国首脑签订《慕尼黑协定》；韩国三星集团创立 |
| **1939 年** | 冼星海创作的《黄河大合唱》在延安公演；日军飞机大肆轰炸重庆；白求恩因手术中不慎感染在河北唐县逝世；刘少奇发表《论共产党员的修养》 | 英国对德宣战；苏联和法西斯德国签署《苏德互不侵犯条约》；德国突然袭击波兰，第二次世界大战爆发；苏军在诺门罕战役中击败日军 |
| **1940 年** | 毛泽东发表《新民主主义论》；彭德怀指挥八路军发动百团大战取得战果；抗日名将张自忠殉国；东北抗联总司令杨靖宇牺牲；汪精卫伪国民政府在南京成立 | 德国法西斯建奥斯维辛集中营；苏联制造卡廷事件；丘吉尔担任英国首相；法国向德国投降；希特勒空袭英国；德、意、日在柏林签订《德意日三国同盟条约》 |

| 年　龄 | 我的足迹（发生的事、遇到的人、当时的感想） |
|---|---|
| 岁 | |
| 岁 | |
| 岁 | |
| 岁 | |
| 岁 | |
| 岁 | |
| 岁 | |
| 岁 | |
| 岁 | |
| 岁 | |

# 我的年表

| 年　份 | 中国大事记 | 世界大事记 |
|---|---|---|
| **1941 年** | 国民政府发布文告向日、德、意宣战；蒋介石制造皖南事变，新四军损失惨重，叶挺将军被俘；日军攻陷香港；延安整风运动开始；陈纳德率"飞虎队"援华 | "苏德"战争爆发，苏联卫国战争开始；罗斯福与丘吉尔签署并发表《大西洋宪章》；日本东条英机执政；日本偷袭珍珠港，太平洋战争爆发；德国向美国宣战 |
| **1942 年** | 毛泽东发表《在延安文艺座谈会上的讲话》；日军在冀中实行"三光政策"；中国远征军进入缅甸作战；美、英、苏、中等26个国家签署《联合国家宣言》 | 美、苏签订"互助同盟条约"；美国开始实施制造原子弹的"曼哈顿计划"；盟军在北非登陆；中途岛海战；斯大林格勒战役打响 |
| **1943 年** | 中共发布《关于继续开展整风运动的决定》；以苏联为首的共产国际解散；中、美、英在缅甸对日军展开反攻；中、美、英首脑举行开罗会议，发表《开罗宣言》 | 法国"统一抵抗运动"成立；美国五角大楼建成；苏、美、英举行德黑兰会议；意大利无条件向盟国投降；英、美开始空袭德国柏林 |
| **1944 年** | 中国民主同盟提出废除国民党一党专政，建立民主联合政府；美国总统私人特使赫尔利飞抵延安；汪精卫病死于日本；美、英、苏、中建议建立联合国 | 波兰共和国成立；盟军占领罗马；盟军在法国诺曼底登陆，欧洲第二战场开辟；巴黎解放；希腊内战爆发 |
| **1945 年** | 中国共产党第七次全国代表大会在延安召开；日本投降，抗战胜利；毛泽东赴重庆谈判，国共签订"双十协定"；台湾及澎湖列岛回归中国 | 越南民主共和国成立；苏、美、英举行波茨坦会议；希特勒自杀，德国无条件投降；美国在广岛和长崎投下原子弹；日本无条件投降；苏联对日宣战；联合国成立 |
| **1946 年** | 蒋介石撕毁停战协定，美国援助国民党进行内战；王若飞、叶挺乘坐的飞机遇难；国民党军队进攻中原解放区，全面内战爆发；国民党制定《中华民国宪法》 | 印度支那战争；意大利共和国建立；联合国教科文组织成立；联合国安理会成立；美国人发明第一台电子计算机；丘吉尔在美国发表"铁幕演说" |
| **1947 年** | 胡宗南率大军进攻延安，中共中央主动撤出转战陕北；刘邓大军挺进大别山；中共中央制订《中国土地法大纲》；人民解放军节节胜利转入全国规模的进攻态势 | 新西兰独立；杜鲁门提出"杜鲁门主义"，冷战开始；"印巴分治"，印度、巴基斯坦独立，印巴发生武装冲突；联合国决议，建立阿拉伯和犹太两个国家 |
| **1948 年** | 解放军发动辽沈、淮海、平津战役并取得胜利；新华社新年献词宣告，打过长江去，将革命进行到底；蒋介石政权在军事、政治和经济上临近崩溃 | 印度甘地遇刺身亡；犹太人建立以色列国，第一次中东战争爆发；朝鲜半岛成立大韩民国和朝鲜民主主义人民共和国；联合国大会通过《世界人权宣言》 |
| **1949 年** | 蒋介石宣告"引退"，李宗仁代理总统；解放军渡江战役；南京解放，国民党政权垮台；中华人民共和国宣告成立；苏联政府与新中国建立外交关系 | 《日内瓦公约》签订；苏联原子弹爆炸成功；德国分裂，西部建立联邦德国，东部建立民主德国；爱尔兰共和国成立；"北大西洋公约组织"正式成立 |
| **1950 年** | 毛泽东访问苏联；《中苏友好同盟互助条约》签订；《中华人民共和国土地改革法》颁布；朝鲜内战爆发，美国军事干涉朝鲜内政；中国人民志愿军入朝作战 | 印度共和国成立；朝鲜内战爆发；以美军为主的联合国军在仁川登陆，朝鲜战争爆发；《印度锡金和平条约》签订 |

| 年　龄 | 我的足迹（发生的事、遇到的人、当时的感想） |
|---|---|
| 岁 | |
| 岁 | |
| 岁 | |
| 岁 | |
| 岁 | |
| 岁 | |
| 岁 | |
| 岁 | |
| 岁 | |
| 岁 | |

# 我的年表

| 年　份 | 中国大事记 | 世界大事记 |
|---|---|---|
| **1951 年** | 政务院公布《中华人民共和国劳动保险条例》；西藏和平解放，人民解放军进驻拉萨；周恩来重申中国对南沙的主权；"三反"运动在全国展开 | 法、德等六国建立"欧洲煤钢共同体"；丘吉尔第二次担任英国首相；《美菲共同防御条约》签订；朝鲜停战谈判在开城举行；约旦国王在耶路撒冷遇刺 |
| **1952 年** | 全国大规模展开群众性扫盲运动；英雄黄继光在上甘岭战役中牺牲；"三反""五反"运动结束；政府公布实施《民族区域自治实施纲要》；成渝铁路建成通车 | 英国女王伊丽莎白二世继位；土耳其加入北大西洋公约组织；埃及爆发革命，埃及共和国建立；美国建成世界第一艘核潜艇；伦敦空气污染毒雾事件 |
| **1953 年** | 中苏两国签订援助中国的建设项目；中国开始实施"第一个五年计划"；鞍山钢铁公司三大工程建成投产；周恩来代表中国政府首次提出"和平共处五项原则" | 艾森豪威尔就任美国总统；斯大林逝世，赫鲁晓夫上台；美国策划伊朗政变；科学界发现DNA双螺旋结构模型；美、中、朝签订《朝鲜停战协定》 |
| **1954 年** | 长江、淮河流域发生百年未遇的大水灾；第一届全国人民代表大会召开，通过《中华人民共和国宪法》；周恩来率领中国代表团参加日内瓦会议 | 苏联建成原子能发电站；苏联承认民主德国自主权；美、英、法结束对联邦德国的占领；越南取得奠边府战役的胜利，越南北方解放；美国出现"麦卡锡主义" |
| **1955 年** | 中国人民解放军开始实行军衔制度，十大元帅授勋；周恩来率领中国代表团参加万隆会议；全国人大通过《中华人民共和国兵役法》；钱学森冲破阻力回到祖国 | 美、英建成第一座核电站；苏联为首的八个国家在波兰首都华沙缔结《友好合作互助条约》，"华沙条约组织"成立；爱因斯坦逝世 |
| **1956 年** | 毛泽东提出"百花齐放，百家争鸣"的方针；长春第一汽车制造厂建成投产；中国第一架国产喷气式歼击机试飞成功；中共八大召开，修订《中国共产党章程》 | 苏伊士运河归埃及所有；巴基斯坦伊斯兰共和国成立；第二次中东战争爆发；赫鲁晓夫在苏共二十大做《关于个人崇拜及其后果》的秘密报告 |
| **1957 年** | 国务院发出《消灭血吸虫病的指示》；中国决定创建战略导弹部队；武汉长江大桥建成通车；整风和反右运动在全国展开；毛泽东访问苏联参加十月革命胜利庆典 | 苏联成功发射世界上第一颗人造地球卫星；运载美国第一个试验性人造卫星的"先锋号"火箭在发射后爆炸；马来西亚独立；世界首座地下煤气电站试转成功 |
| **1958 年** | 人民英雄纪念碑在天安门广场建成；中共八大二次会议举行，大跃进和人民公社运动在全国展开；中国第一座北京电视台正式开播；中共中央纠正"左"倾思潮 | 伊拉克共和国成立；法兰西第五共和国成立，戴高乐就任总统；欧洲经济共同体成立；美国成功发射人造卫星"探险者1号" |
| **1959 年** | 人民解放军平叛西藏叛乱；刘少奇当选为国家主席；庐山会议全党开展"反右倾"斗争，彭德怀受到批判；苏联单方面撕毁中苏《国防新技术协定》撤走专家 | 斯里兰卡总理班达拉奈克遇刺身亡；美国正式宣布夏威夷为第50个州；苏联领导人赫鲁晓夫访问美国；古巴在卡斯特罗领导下推翻了亲美独裁政权 |
| **1960 年** | 我国设计的第一枚近程地对地导弹试验成功；由中国人自行设计和建造的南京长江大桥动工修建；中国登山队队员集体登上世界最高峰珠穆朗玛峰 | 法国首次进行核试验；60年代初不结盟运动形成；17个非洲国家在这一年宣布独立；石油输出国组织成立，简称OPEC；激光器在美国出现 |

| 年　龄 | 我的足迹（发生的事、遇到的人、当时的感想） |
|---|---|
| 岁 | |
| 岁 | |
| 岁 | |
| 岁 | |
| 岁 | |
| 岁 | |
| 岁 | |
| 岁 | |
| 岁 | |
| 岁 | |

# 我的年表

| 年　份 | 中国大事记 | 世界大事记 |
|---|---|---|
| **1961 年** | 中共八届九中全会召开，通过对国民经济转入调整的轨道，实行"调整、巩固、充实、提高"的方针；周恩来率政府代表团参加苏共第二十二次代表大会 | 苏联宇航员加加林成为第一位太空人；"第一次不结盟国家和政府首脑会议"召开；民主德国在苏联的支持下修筑"柏林墙"；越南战争爆发；互联网出现 |
| **1962 年** | 中共召开"七千人大会"，纠正"大跃进"中的错误；1.2万吨自由锻造水压机在上海研制成功；中国对印度军队的武装进攻实行自卫反击作战取得胜利 | 古巴导弹危机；法国签署《埃维昂协议》，同意阿尔及利亚独立；全球"环保运动"开始；苏联解除对东柏林的控制；阿尔及利亚建国 |
| **1963 年** | 毛泽东发表"向雷锋同志学习"的题词；周恩来发表统一台湾的"一纲四目"原则；中共中央决定在农村开展"四清"运动；中苏公开论战，两国关系开始恶化 | 非洲统一组织成立；华盛顿与莫斯科间的热线开始通话；美国总统肯尼迪遇刺身亡；日本福冈三池煤矿发生大规模的瓦斯爆炸 |
| **1964 年** | 我国第一颗原子弹爆炸成功；全国掀起"农业学大寨"运动；第三届全国人大一次会议上，周恩来在《政府工作报告》中提出了实现四个现代化的总目标 | 巴勒斯坦解放组织成立，艾哈迈德·舒凯里任主席；第18届奥运会在东京开幕；发展中国家77国集团形成；赫鲁晓夫下台，勃列日涅夫成为苏联领导人 |
| **1965 年** | 河南省林县红旗渠实现总干渠通水；中国在世界上首次人工合成结晶牛胰岛素；前国民党政府"代总统"李宗仁和夫人从海外归来抵达北京 | 法、德、意等六国签订《布鲁塞尔条约》，欧洲共同体成立；列昂诺夫第一次"太空行走"；新加坡脱离马来西亚，建立独立的共和国 |
| **1966 年** | 中共中央召开八届十一中全会，决定发动"文化大革命"；中国成功进行第一颗装有核弹头的地地导弹飞行爆炸；全国掀起学习焦裕禄的热潮 | 亚洲开发银行成立；联合国教科文组织决定将每年9月8日定为国际扫盲日；南非总理维尔沃德遇刺；法国退出"北约"；联合国开发计划署设立 |
| **1967 年** | 中国第一颗氢弹空爆试验成功；人民解放军派出指战员执行"三支两军"任务；中国政府和坦桑尼亚、赞比亚协定修建坦赞铁路；清朝末代皇帝溥仪逝世 | 北爱尔兰民权联盟成立；第三次中东战争爆发；世界知识产权组织成立；英国伦敦国家大剧院建成；《布鲁塞尔条约》生效，欧洲经济共同体正式成立 |
| **1968 年** | 原国家主席刘少奇被开除党籍，撤销党内外一切职务；遵照毛主席的指示，全国掀起知识青年上山下乡的热潮；各地开办"五七干校"；南京长江大桥全线通车 | 苏联出兵占领捷克斯洛伐克；《防止核武器扩散条约》签署；马丁·路德·金遇刺身亡；法国"五月风暴"，导致政治危机；尼克松就任美国总统 |
| **1969 年** | 中共九大召开，肯定了"无产阶级专政下继续革命的理论"；珍宝岛自卫反击战发生；中国成功进行首次地下核试验；中国第一条城市地铁北京地铁建成通车 | 美国宇航员阿姆斯特朗和阿尔德林登上月球；尼克松宣布启动美国航天飞机项目；日本成为世界第二经济大国；戴高乐辞职，蓬皮杜就任法国总统 |
| **1970 年** | 我国首颗人造地球卫星"东方红1号"成功发射；毛泽东会见美国记者斯诺，表示欢迎美国总统尼克松访华；中国研制的第一艘核潜艇下水 | 日本著名作家三岛由纪夫剖腹自杀；法国前总统戴高乐逝世；主要资本主义国家出现"滞涨"经济现象；德国总理勃兰特为犹太人死难者下跪 |

| 年　龄 | 我的足迹（发生的事、遇到的人、当时的感想） |
|:---:|:---|
| 岁 | |
| 岁 | |
| 岁 | |
| 岁 | |
| 岁 | |
| 岁 | |
| 岁 | |
| 岁 | |
| 岁 | |
| 岁 | |

# 我的年表

| 年　份 | 中国大事记 | 世界大事记 |
|---|---|---|
| **1971 年** | 林彪等人叛逃，座机坠落蒙古国温都尔汗；联合国恢复中华人民共和国在联合国的一切合法权利；中美开启"乒乓外交"；美国国家安全事务助理基辛格秘密访华 | 阿拉伯联合酋长国成立；苏联向太空发射空间站；赫鲁晓夫逝世；美国"水手9号"火星探测器发射成功 |
| **1972 年** | 美国总统尼克松访华，中美两国发表《中美联合公报》；日本首相田中角荣访华，中日签署《中日联合声明》；毛泽东参加陈毅追悼会；马王堆汉墓女尸出土 | 尼克松访问苏联，美苏签订《关于限制反弹道导弹系统条约》；慕尼黑奥运会发生政治恐怖事件；美国发射第一颗地球资源技术卫星 |
| **1973 年** | 邓小平恢复国务院副总理职务；国务院召开首次全国环境保护会议；中共中央批准《关于林彪反党集团反革命罪行的审查报告》；中国首台百万次/秒计算机试制成功 | 美国"水门事件"；美国签订结束越南战争协议，被迫撤出越南；中东石油危机，第四次中东战争爆发；东德、西德同时加入联合国；基辛格就任美国国务卿 |
| **1974 年** | 解放军取得西沙自卫反击战胜利；秦始皇兵马俑发现；邓小平在联大阐述毛泽东"三个世界"划分的理论和中国的外政策；中国第一艘核潜艇编入海军战斗序列 | 德斯坦任法国总统；法国戴高乐国际机场投入使用；美国总统尼克松因"水门事件"被迫辞职；西德总理勃兰特因间谍丑闻下台；施密特任联邦德国总理 |
| **1975 年** | 邓小平主持国务院日常工作；中国第一条电气化宝成铁路全线通车；中国成功发射一颗返回式遥感人造地球卫星；毛泽东主席会见美国总统福特；蒋介石病逝 | 越南战争结束；印度宣布印占克什米尔为印度一个邦；"欧共体首脑会议"正式定名为"欧洲理事会"；西班牙独裁者弗朗哥逝世；微软公司成立 |
| **1976 年** | 悼念周恩来的四五群众运动被定性为"反革命事件"；唐山大地震，全国人民抗震救灾；周恩来、朱德、毛泽东相继逝世；"四人帮"集团被粉碎，"文化大革命"结束 | 世界遗产委员会成立；中国援建的坦赞铁路通车；南非索韦托发生大规模骚乱；美、苏签订《美苏和平利用地下核爆炸条约》；美国隆重庆祝独立200周年 |
| **1977 年** | 邓小平对"两个凡是"提出批评；中共第十一次大会，重申在20世纪内把中国建成社会主义现代化强国；邓小平复出；中国恢复全国统一高考制度 | 北海油井泄露，造成大片海面浮油；美国苹果公司成立；越南南北方重新实现统一；卡特就任美国总统 |
| **1978 年** | 安徽、四川等地试行生产责任制；胡耀邦审定发表《实践是检验真理的唯一标准》文章；中共中央作出全部摘掉右派分子帽子的决定；《中日和平友好条约》签订 | 埃及和以色列签署《戴维营协议》；越南侵略柬埔寨；美国华盛顿国家美术馆开馆；世界上第一名试管婴儿在英国曼彻斯特出生 |
| **1979 年** | 中美正式建立外交关系；人大发表《告台湾同胞书》并停止对金门等岛屿炮击；邓小平提出我党"坚持四项基本原则"；中国边防部队实施对越自卫反击战 | 尼加拉瓜革命爆发；伊朗伊斯兰共和国成立，领袖霍梅尼；萨达姆就任伊拉克总统；撒切尔就任英国首相；苏联入侵阿富汗 |
| **1980 年** | 中共十一届五中全会为原国家主席刘少奇平反；中共十二大把实行计划生育确立为中国的一项基本国策；中国设立深圳、珠海、汕头、厦门四个经济特区 | 莫斯科奥运会开幕；埃及与以色列建交；两伊战争爆发；以色列宣布耶路撒冷为永久首都；波兰团结工会成立；日本成为世界第二大经济强国 |

| 年　龄 | 我的足迹（发生的事、遇到的人、当时的感想） |
|---|---|
| 岁 | |
| 岁 | |
| 岁 | |
| 岁 | |
| 岁 | |
| 岁 | |
| 岁 | |
| 岁 | |
| 岁 | |
| 岁 | |

# 我的年表

| 年　份 | 中国大事记 | 世界大事记 |
|---|---|---|
| 1981 年 | 中共十一届六中全会《关于建国以来党的若干历史问题的决议》实事求是地评价毛泽东的历史地位；中国研制出第一艘导弹核潜艇；中国女排首次夺得世界杯冠军 | 里根就任美国总统，遏制苏联全球扩张；美国航天飞机"哥伦比亚号"试飞成功；穆巴拉克就任埃及总统；世界首例爱滋病在美国发现 |
| 1982 年 | 邓小平提出"建设有中国特色的社会主义"命题；邓小平提出解决台湾问题的"一国两制"构想；中共《全国农村工作会议纪要》肯定包产到户等各种生产责任制 | 第五次中东战争爆发；德意志联邦共和国加入"北约"；科尔就任联邦德国总理；苏联发射核动力海洋监视卫星 |
| 1983 年 | 中国人民武装警察部队总部在北京成立；中共发出《关于严厉打击刑事犯罪活动的决定》；中共、国务院撤销农村"人民公社"，建立乡、镇人民政府 | 英国将把狮身人面像胡须归还埃及；美国经济回升，成为世界最大债务国；欧共体通过《关于欧洲联盟的庄严宣言》；美国提出"星球大战计划" |
| 1984 年 | 《中华人民共和国专利法》颁布；美国总统里根访华；中英签署《关于香港问题的联合声明》；中共、国务院决定开放十四个沿海港口城市 | 美国驻哥伦比亚大使馆被炸；印度总理英迪拉·甘地遇刺身亡；大陆板块漂移理论获证实；意大利宣布不再以天主教为国教 |
| 1985 年 | 中共作出《关于科学技术体制改革的决定》《关于教育体制改革的决定》；中国人民解放军决定裁军100万人；中国建成首个南极科学考察站；中国实行出口退税制度 | 欧洲德、法等五国签署《关于逐步取消共同边界检查协定》；戈尔巴乔夫当选苏共总书记，进行经济和政治改革 |
| 1986 年 | 国务院制定并实施《高技术研究发展计划纲要》；中国国内卫星通信网正式建成；《中华人民共和国企业破产法》颁布；邓小平指出反对资产阶级自由化 | 澳大利亚脱离英国独立；苏联切尔诺贝利核事故发生；"联盟号"太空船与"和平号"空间战成功对接；美国"挑战者号"航天飞机失事；美国轰炸利比亚 |
| 1987 年 | 中葡两国签署对澳门恢复主权的声明；赵紫阳当选为中央委员会总书记；第一批探亲台胞经香港赴大陆，两岸关系进入新阶段；深圳启动国有土地使用权拍卖 | 联合国举行世界人口50亿日，提醒人类面对人口过剩问题；美苏领导人签署《销毁中程和中短程导弹条约》；国际贸易中商品命名和编码系统开始统一 |
| 1988 年 | 人民解放军海军南沙群岛自卫还击战；人民解放军恢复军衔制；我国新设海南省划为经济特区；大秦铁路建成；第一座高能加速器北京正负电子对撞机对撞成功 | 世界卫生组织确立12月1日为艾滋病日；联合国维和部队获诺贝尔和平奖；巴勒斯坦发表《独立宣言》，宣布以耶路撒冷为首都 |
| 1989 年 | 中苏关系实现正常化；中共十三届四中全会选任江泽民为中央委员会总书记；五中全会邓小平辞去中央军委主席职务；"希望工程"设立；北京联想集团成立 | 罗马尼亚总统齐奥塞斯库被枪决；东德拆除柏林墙；苏联从阿富汗撤军；亚太经济合作组织（APEC）成立；日本明仁天皇继位，改年号为"平成" |
| 1990 年 | 中央决定开发上海浦东；《中华人民共和国香港特别行政区基本法》颁布；中国首次在北京举办亚运会；建国以来第一家证券交易所上海证券交易所正式开业 | 南斯拉夫解体；民主德国并入联邦德国，德国统一；欧共体经济和货币联盟进入启动阶段；伊拉克入侵科威特，美国出兵伊拉克；互联网技术开始普及 |

| 年　龄 | 我的足迹（发生的事、遇到的人、当时的感想） |
|---|---|
| 岁 | |
| 岁 | |
| 岁 | |
| 岁 | |
| 岁 | |
| 岁 | |
| 岁 | |
| 岁 | |
| 岁 | |
| 岁 | |

# 我的年表

| 年 份 | 中国大事记 | 世界大事记 |
|---|---|---|
| **1991 年** | 国务院作出《关于企业职工养老保险制度改革的决定》；大陆成立"海峡两岸关系协会"；中国加入亚太经合组织；第一座自行设计建造的秦山核电站并网发电 | 海湾战争爆发，美国出兵伊拉克；华沙条约国组织正式解体；苏联解体，戈尔巴乔夫辞去苏联总统职务；"欧共体"12国首脑会议正式签订《欧洲联盟条约》 |
| **1992 年** | 邓小平发表"南方谈话"，强调解放思想、发展经济；中共十四大召开，提出"建立社会主义市场经济体制"的目标；大陆与台湾达成国家统一的"九二共识" | 克林顿就任美国总统；波黑战争爆发；美、加、墨签署《北美自由贸易协定》；巴塞罗那奥运会开幕；叶利钦当选俄罗斯联邦第一任总统 |
| **1993 年** | 汪辜会谈，海峡两岸间第一次握手；中共举行纪念毛泽东诞辰100周年大会；国务院作出《关于金融体制改革的决定》，严格管理金融市场 | 《奥斯陆协议》签署，"欧洲统一大市场"全面实施；纽约世贸中心发生爆炸事件；《欧洲联盟条约》生效；联合国首次发表《世界难民状况报告》 |
| **1994 年** | 中国正式与国际互联网接通；全国人大公布《中华人民共和国劳动法》；广东大亚湾核电站一号机组正式投入运行；长江三峡工程正式开工 | 第一次车臣战争爆发；美国出兵海地；欧盟经济货币联盟计划正式启动；南非结束种族隔离，曼德拉当选南非总统；北美自由贸易区成立 |
| **1995 年** | 江泽民提出推进祖国和平统一进程的八项主张；《中华人民共和国教育法》颁布；中共中央、国务院提出"科教兴国"战略；中美两国就知识产权问题达成协议 | 以色列总理拉宾遇刺；世界贸易组织（WTO）在瑞士日内瓦正式成立；欧盟马德里首脑会议决定以"欧元"为欧洲货币联盟的单一货币 |
| **1996 年** | 人民解放军向东海、南海、台湾海峡进行陆海空军联合演习；江泽民出席亚太经合组织领导人第四次非正式会议；俄罗斯总统叶利钦访华 | 英国的苏格兰诞生第一只克隆羊"多利"；首届亚欧会议召开；联合国大会通过《全面禁止核武器条约》；内塔尼亚胡就任以色列总理；美国亚特兰大奥运会开幕 |
| **1997 年** | 邓小平逝世；香港回归祖国，中华人民共和国香港特别行政区成立；三峡水利枢纽工程实现大江截流；中俄两国领导人签署《中俄联合声明》；亚洲金融危机爆发 | 亚洲金融危机爆发；《京都议定书》签订；布莱尔就任英国首相；苏格兰和威尔士分别建立分权议会；《泰坦尼克号》电影上映创票房纪录 |
| **1998 年** | 中共中央、国务院发出《关于切实做好国有企业下岗职工基本生活保障和再就业工作的通知》；中央决定军队、武警、政法机关一律不再从事经商活动 | 美国的永久性太空空间站开始动工；欧洲中央银行成立；《北爱尔兰和平协议》签署；施罗德就任德国总理；美国政府起诉微软公司违反联邦反垄断法 |
| **1999 年** | 中央、国务院正式开始实施"西部大开发"战略；中国第一艘"神州号"宇宙实验飞船安全返回；美国轰炸中国驻南联盟大使馆；澳门回归祖国 | "欧元"正式诞生；第二次车臣战争爆发；波兰、捷克和匈牙利三国加入"北约"；科索沃战争爆发，"北约"空袭"南联盟"；巴拿马正式收回对巴拿马运河的主权 |
| **2000 年** | 江泽民提出"三个代表"的思想；首都各界纪念中国人民志愿军抗美援朝50周年；维护新疆稳定，打击民族分裂势力；我国西电东送工程全面启动 | 韩、朝首脑会晤；普京就任俄罗斯联邦总统；德国汉诺威世博会开幕；澳大利亚举办悉尼奥运会；克林顿访问越南，成为越南战争之后首访越南的美国总统 |

| 年　龄 | 我的足迹（发生的事、遇到的人、当时的感想） |
|---|---|
| 岁 | |
| 岁 | |
| 岁 | |
| 岁 | |
| 岁 | |
| 岁 | |
| 岁 | |
| 岁 | |
| 岁 | |
| 岁 | |

# 我的年表

| 年　份 | 中国大事记 | 世界大事记 |
|---|---|---|
| **2001 年** | 中、俄等六国元首签署《上海合作组织宣言》；中国取得2008年奥运会的主办权；青藏铁路全线开工；中国正式成为WTO世界贸易组织成员 | 美国世贸中心大楼遭恐怖袭击倒塌；国际奥委会主席萨马兰奇正式卸任；法国"戴高乐号"核动力航母服役 |
| **2002 年** | 国务院发布退耕还林工程全面启动；国务院发出《关于进一步做好下岗失业人员再就业工作的通知》；胡锦涛当选中央委员会总书记；南水北调工程正式开工建设 | 欧洲统一货币"欧元"（EURO）正式流通；莫斯科剧院人质事件；可持续发展世界首脑会议在南非举行 |
| **2003 年** | 我国发生严重"非典"疫情，在防治工作中取得重大胜利；第一艘载人宇宙飞船"神舟五号"成功发射并安全返回；中国在联合国签署《联合国反腐败公约》 | 以英、美军队为主的联合部队绕开安理会发动对伊拉克的战争；WHO发布全球非典（SARS）警报；美军部队占领巴格达，萨达姆政权被推翻 |
| **2004 年** | 中国首个北极科学考察站黄河站建成并投入使用；江泽民辞去中央军委主席职务；运算速度每秒10亿次的"曙光4000A"高性能计算机研制成功 | "北约"再次东扩，斯洛文尼亚、爱沙尼亚等7国加入"北约"；波兰、匈牙利等10国加入"欧盟"，其成员国达到25个；柬埔寨国王西哈努克宣布退位 |
| **2005 年** | 国务院印发《鼓励支持和引导个体私营等非公有制经济发展的若干意见》；全国人大通过《反分裂国家法》《中华人民共和国公务员法》；香港迪士尼乐园开幕 | 世界最大客机空客A380首飞成功；朝鲜核危机六方会谈在中国北京重启；日本首相小泉纯一郎参拜靖国神社诉讼案，高等法院判决参拜违反宪法 |
| **2006 年** | 胡锦涛在全国政协提出社会主义荣辱观；中国当选联合国人权理事会首届成员；青藏铁路全线贯通；三峡大坝全线建成；北京举行中非合作论坛峰会 | 印度孟买发生列车连环爆炸；伊朗恢复核燃料研究；黑山共和国独立；安倍晋三当选日本首相；泰国总理他信辞职 |
| **2007 年** | 《中华人民共和国物权法》《中华人民共和国企业所得税法》颁布；嫦娥系列"探月工程"取得圆满成功；渤海湾滩海地区发现储量规模近10亿吨的冀东南堡油田 | 美国弗吉尼亚理工大学校园枪击事件；美国弗吉尼亚理工大学发生恶性校园枪击案件；俄罗斯前总统叶利钦去世；潘基文出任联合国秘书长 |
| **2008 年** | 胡锦涛在中共中央纪委会议上强调反腐倡廉建设；汶川发生里氏8.0级特大地震，全国赈灾取得重大胜利；北京成功举办奥运会；大陆与台湾实现"三通" | 科索沃独立；梅德韦杰夫当选俄罗斯联邦总统；前总统普京被任命为总理；南美洲国家联盟成立；奥巴马当选美国总统；金融风暴席卷全球 |
| **2009 年** | 《中华人民共和国食品安全法》颁布；胡锦涛出席在伦敦20国集团领导人峰会；胡锦涛在俄罗斯会晤金砖国家领导人；中华人民共和国成立60周年大阅兵 | 《里斯本条约》正式生效；奥巴马以外交努力获得诺贝尔和平奖；第三次世界气候大会在日内瓦举行；联合国大会通过决议，谴责洪都拉斯政变 |
| **2010 年** | 青海玉树发生里氏7.1级地震；上海世博会召开；载人潜艇"蛟龙号"突破3700米水深；中国国内生产总值超过40万亿元，成为世界第二大经济体 | 美国航天局（NASA）发现生命第七元素"砷"；柬埔寨金边发生严重踩踏事件；俄罗斯森林大火致米格飞机公司停工；"维基解密"网站公开美军秘密文件 |

| 年　龄 | 我的足迹（发生的事、遇到的人、当时的感想） |
|---|---|
| 岁 | |
| 岁 | |
| 岁 | |
| 岁 | |
| 岁 | |
| 岁 | |
| 岁 | |
| 岁 | |
| 岁 | |
| 岁 | |

# 我的年表

| 年 份 | 中国大事记 | 世界大事记 |
|---|---|---|
| **2011 年** | 中国从利比亚大规模撤离中国公民；"七·二三"甬温线动车事故；天宫一号和神舟八号飞船成功实现太空对接；《中华人民共和国非物质文化遗产法》颁布 | 日本福岛核泄漏事故；默多克媒体帝国遭遇"窃听丑闻"；多国对利比亚发动军事行动；奥巴马宣布本·拉登被美军击毙；苹果公司创始人乔布斯逝世 |
| **2012 年** | 习近平当选中央委员会总书记；中国公布钓鱼岛及其附属岛屿坐标；首艘航空母舰正式交付海军；"蛟龙号"载人潜水器下潜深度达7062米；莫言获得诺贝尔文学奖 | "登月第一人"阿姆斯特朗逝世；人类首艘商业飞船与国际空间站实现对接；英国伦敦举办第30届奥运会；日本政府非法宣布钓鱼岛"国有化" |
| **2013 年** | 我国在全球首先报告发现H7N9禽流感病毒；上海自贸区成立；中国向世界提出"一带一路"倡议；中国政府宣布划设东海防空识别区 | 朴槿惠成为韩国史上首位女总统；波士顿马拉松爆炸事件；斯诺登披露美国"棱镜"监听项目；汽车之城底特律破产申请获通过；韩亚航空客机在旧金山失事 |
| **2014 年** | 中共查处周永康、薄熙来、郭伯雄、徐才厚、孙政才、令计划严重违纪违法案件；香港发生"占领中环"非法集会；吉隆坡飞往北京客机MH370失联 | 欧洲航天局太空探测器首次成功软着陆彗星；韩国"世越号"客轮沉没事故；乌克兰危机引发地缘政治对抗；世界杯足球赛在巴西揭幕 |
| **2015 年** | 中国宣布裁减军队兵员30万；习近平与马英九正式会面；屠呦呦获诺贝尔医学奖；"全面两孩"政策公布；"八·一二"天津滨海新区爆炸事故 | 同性婚姻受到美国宪法保障；土耳其击落俄罗斯战机；安倍欲修改"和平宪法"；伊斯兰国（ISIS）在巴黎发动恐怖袭击；美国与古巴重建外交关系 |
| **2016 年** | 中共颁发《中国共产党问责条例》；中国签署气候变化《巴黎协定》；解放军成立五大战区；量子卫星"墨子号"成功发射；"天眼"500米口径射电望远镜落成 | 朝鲜宣布成功试爆氢弹；特朗普赢得美国大选；杜特尔特当选菲律宾总统；拳王阿里逝世；卡斯特罗逝世；特蕾莎·梅就职，成为英国史上第二位女首相 |
| **2017 年** | 中共十九大召开；国务院印发《新一代人工智能发展规划》；隐身战机歼20编入空军序列；国产航母001A在大连造船厂下水；新型高铁动车复兴号运营 | 韩国引入萨德反导系统；朴槿惠被弹劾下台；马克龙就任法国总统；默克尔赢得德国大选；英国女王伊丽莎白二世签署"脱欧"法案；美国退出联合国教科文组织 |
| **2018 年** | 中国应对美国挑起的中美经贸摩擦；《中华人民共和国英雄烈士保护法》发布；重庆抢夺公交车方向盘坠江事故；孟晚舟被扣押事件；世界最长港珠澳大桥开通 | 特朗普和金正恩首次首脑会晤；多国介入叙利亚内战；俄罗斯扣押乌克兰军舰；法国夺得世界杯足球冠军；法国爆发"黄背心运动"；印尼发生海啸袭击 |
| **2019 年** | 人民海军成立70周年海上阅兵；嫦娥四号成功发射，实现月球背面软着陆；《中华人民共和国电子商务法》正式实施；工信部颁发5G牌照，中国通信业进入5G时代 | 美国高校入学舞弊案丑闻；巴黎圣母院发生严重火灾；埃航客机空难事故；美国正式退出《中导条约》；日本明仁天皇退位，皇太子德仁即位天皇 |
| **2020 年** | | |

| 年　龄 | 我的足迹（发生的事、遇到的人、当时的感想） |
|---|---|
| 岁 | |
| 岁 | |
| 岁 | |
| 岁 | |
| 岁 | |
| 岁 | |
| 岁 | |
| 岁 | |
| 岁 | |
| 岁 | |

# 老人自费出版

现代中国老人是一个有知识、有文化的社会群体，很多老人在步入晚年后都想为自己多彩的人生写下一部自传，有些老人甚至还想写诗歌集、散文集、画册、小说、县志、民俗、地区文化，等等。在我国刚刚流行开来的自费出版，在外国的老年群体当中其实早已相当普遍。自费出版的特点是，书号申请、审核编辑、设计排版、印刷装帧等一系列出版环节所产生的费用，都由作者支付。印出的成品书除少量由出版社作为样书留存外，其余全部归作者所有。那么，中国老人怎样做才能实现自费出版呢？

希望出版著作的作者，首先需要找到一家出版社。正规出版社通常能诚实地提供有关出版的全方位帮助。每一位著书立说的作者都期待早日看到自己辛苦创作的作品诞生。可是，现在社会上出现了一些骗子出版公司，它们利用作者急于出书的心理，采用低价格、假书号等欺骗手法，引诱作者受骗上当。预防被欺骗的方法其实很简单，因为出版过程中有几个环节最容易产生纠纷，即申领书号、印刷、发行等环节。作者不要只听对方的一面之词，要亲自或托友人上门查看是否存在这家公司，核查其营业执照及办公地址、注册地址是否真实，是否有出版的样书等。其二是一定要签订出版合同，防止出版过程发生纠纷。其三不要贪小便宜，离谱的低价往往让作者付出更惨重的代价。下面的图示是自费出版的一般步骤。

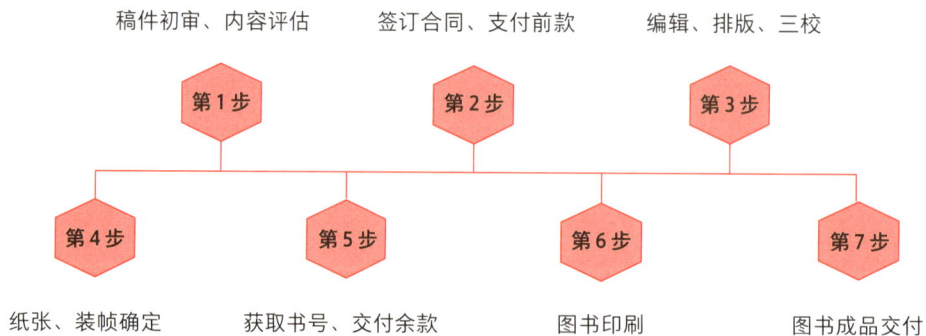

稿件初审、内容评估　　签订合同、支付前款　　编辑、排版、三校

第1步　　第2步　　第3步

第4步　　第5步　　第6步　　第7步

纸张、装帧确定　　获取书号、交付余款　　图书印刷　　图书成品交付

个人自费出版图书需要多少钱，是所有希望自费出版的作者最关心的问题。自费出书的费用一般包括书号管理费、排版费、审稿费、封面设计费、印刷费。不同的出版社，书号管理费也不同。至于印刷费，不同的印刷厂在承印时根据全书印张、印刷质量、开本、插页、装帧、用纸以及印数，报出的价格相差很大。根据近年的行情，以10万字的书籍为例，简装、无插图、中等质量，一次印制1000册，约需费用一万至两万元。

许多老人出书的目的是为了赠送朋友，对于这类不要书号的书，剩下的就只有编辑和印刷成本，印刷量越大越便宜。没有书号的书只能自己用，不能在书店和网店上售卖。

# 社会保障卡的功用

2018年,我国的社会保障卡(简称为"社保卡")实施了升级换代,基本实现了全国统一。社保卡与中国老百姓社会保障权益息息相关,是国家社会福祉政策优越性的体现。社保卡有很多用途,并且正快速在各项社会服务领域中实现全国联网一卡通。

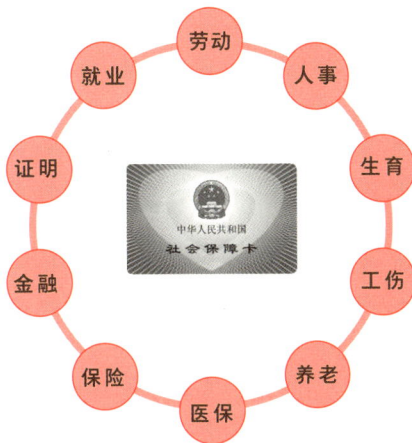

社保卡具有保障全民社会福利的强大功能,从上图可见,社保卡的功用覆盖了公民幸福生活的方方面面。社保卡在国家规定的特殊情况下可作为身份证使用:社保卡可办理求职登记和失业登记手续,申领失业保险金,申请参加就业培训;可用于申请劳动能力鉴定和申领享受工伤保险待遇。社保卡也可用来办理日常生活中遇到的民生事务,如支付水电费用、公交出行等。加载金融功能的社保卡可以当银行卡使用,存款、取款、转账、消费;升级后的社保卡记录了持证人养老保险缴费和养老金领取的信息,是老人晚年生活的保障。社保卡尤其重要的功能之一,是持有社保卡的参保人有了大病时能按照国家规定的标准报销一部分的医疗费,有力地减轻了公民的医疗负担。在相关机构努力缩小农村医保、城镇医保、职工医保间的差距之后,社保卡将为我国公民提供更加公平、优质的社会保障。

新办理的社保卡,在初期使用时要注意以下事项:

1.社保卡内含社保账户和金融账户,所以初次使用时必须实施两次激活。其中,社保账户可以通过定点医院、定点药店激活,否则将无法查询和缴费;金融账户则需前往发卡银行网点,由银行员操作激活银行账户,开通社保卡的金融功能。

2.激活前的初始密码一般为123456或身份证后六位。激活时两个账户可以设置不同密码,也可以设成相同的密码。激活后,旧卡内的社保信息及个人账户余额会自动转移到新卡,旧卡同时自动作废。

3.社保卡挂失。如果社保卡丢失,需要进行挂失。一般可拨打当地社会保障卡服务中心热线电话进行电话预挂失,或在本地社保官网上办理预挂失,或持本人有效身份证原件(及复印件)到规定的社保窗口办理书面预挂失。但预挂失有效时间很短,需在规定的时间内去社保窗口办理正式挂失手续。正式挂失后可在规定的时间内到社保窗口补办新卡。

# 老人物品整理术

　　日本近年来流行一种居室物品简约化的生活哲学，鼓励家居生活物品的购入规划和物品整理，舍断离放不需要的多余物件，使狭窄的居室空间变得宽敞舒适。不过，物品整理说起来容易做起来难，尤其是老年人，让他们扔掉一生积攒下来的"破破烂烂、坛坛罐罐"不是一件容易的事情。

　　老人不愿意扔东西是有许多原因的。不少老人在年轻时是收拾和整理家务的好手，可是到了老年却失去了当年的好习惯，干什么都提不起兴致和劲头。特别是单独生活的老人，家中凌乱和囤积杂物的情况更是多见。在进入超高龄阶段后，老人的大脑判断能力变得迟钝，体能降低，腰腿越发不灵便，这时一生积攒下来的杂物堆积在周围碍手碍脚，给他们的生活带来了不便。子女们有时想帮助他们整理或扔掉不用的物件，却常常被老人斥责，甚至引发家庭矛盾。在旁人眼中看似无用的物件，对老人来说可能是珍贵的物件。因此，面对老人的"无用物"，晚辈们切不可简单地一扔了之，更不能强行地偷偷处理它们。老人会因为失去这些东西，找不到回忆链而感到沮丧，甚至容易诱发老年性抑郁症和痴呆症。

　　老人体能低下，整理物品时最好配备助手，这些助手要学会对老人"尊重"和"妥协"，不能随意扔掉自己认为不必要的东西。在协助老人一起整理物品时，助手可以有意识地引导老人讲述与物品有关的往事，这对老人来说是十分愉快的事情。老人亲手整理的每件物品都可能勾起对过去的美好回忆，激发他回顾人生经历过的故事，整个过程对老人和助手都会是难得的精神享受。整理物品时不要急躁，可以分成几个时间阶段来慢慢完成。这项工作不但可以帮助老人活动肢体，还能通过回忆促进老人大脑的血液循环。整理物品时，老人会主动提出扔掉一些无关紧要的东西。老人确定要留下的、有回忆价值的物品，应分门别类地收纳到不同纸箱内。封箱时，应在顶面、正面、侧面醒目地写上或贴上分类标签，注明整理日期。最后，把这些纸箱放置在不显眼、不碍事的位置。老人日后只要一看到箱子上的标签就会知道，见证自己人生的证物和值得珍藏的念想都好好地收藏在里面，从而产生安心的慰藉感。

　　近年来，日本老人中流行着一种新的整理物品的技巧，即将不再使用的物品数字化，将其存入很小的电子装置内，节省物品所占的空间。如今，数码照相机、智能手机拍照功能的应用已经相当普遍，即使是老年人，也能很轻松地操作这些电子设备。因此在整理物品时，可以将那些既占地方、想扔又舍不得扔的物品进行拍照，以数字化照片的形式保留对这些物品的念想，然后再处理掉它们。拍照取景时，根据个人爱好选取物品的背景，决定拍摄距离的远近以及拍摄的角度。为了便于管理这些照片，将这些照片添加文件名和日期。照片分门别类地保存在手机、电脑、USB、光盘等储存器中，随时都可以调取观看。至于那些以高价购入或成色还不错的物品，许多人会将其放到跳蚤市场的地摊或者旧货网上作为二手货销售，效果也相当不错。整理出来的物品也可以赠送他人或捐赠给慈善机构。

　　整理过程必须遵循三个原则：①激发和活用老人残存的体能，把整理当作活动四肢、促进大脑血液循环、快乐回忆的享受。②助手必须尊重老人对物品取舍的意见，最大限度地向老人的固执妥协。③整理物品并非将物品都隐藏起来，而是为了今后更便捷地取用，以确保日常生活顺利运行。所以在封存物品的外表，不要忘记写上物品名称、封存日期等简要信息。

　　老人的物品在整理后，应区分出保留物品和丢弃物品。希望捐赠的物品，应该处理干净，确保清洁卫生。视为垃圾的物品，丢弃时要清除干净物品上的个人信息，注意按照所在社区垃圾处理的规定，防止影响公共环境卫生和相关的法律规定。

老人体力
支援助手

老人拥有
取舍权

时间的
效果

经济的
效果

物品整理
的效果

整理术

物品整理
的原则

老人残存
能力活用

尊重老人
之取舍

精神的
效果

确保生活
顺利运行

空间的
效果

整理物品
全部展开

健康的
效果

实施整理
分类

需要的物
品分类

不要的物
品分类

清洁后
捐赠

无用品
分类废弃

使用
频度低

使用
频度中

使用
频度高

装箱后放
在角落处

装箱后放
在易取处

放在老人
习惯位置

箱体三面贴标签纸
登记物品分类及日期

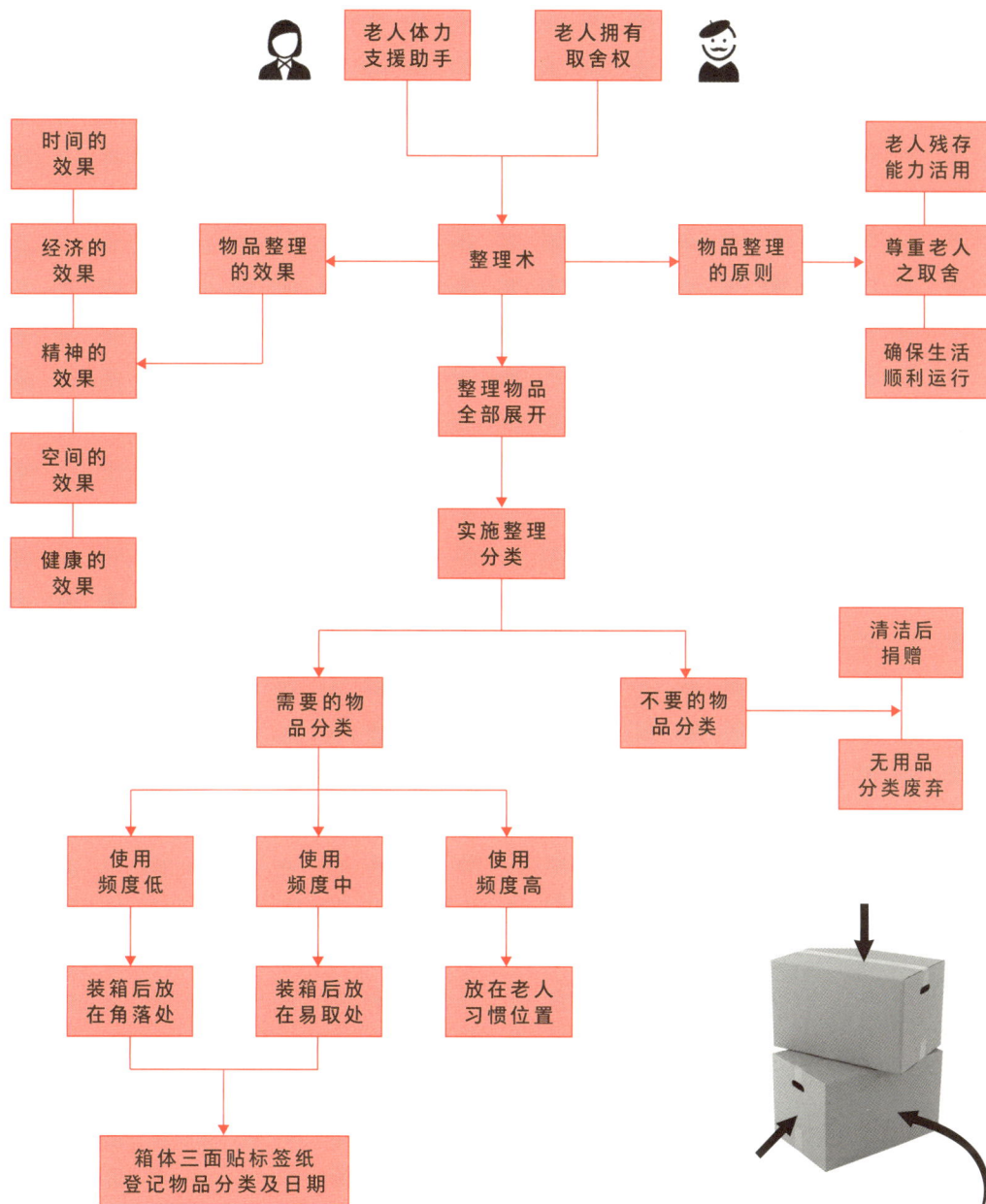

分类贴粘贴位置示意

**箱内物品分类示例**

| | |
|---|---|
| ① 衣服、鞋帽类 | ⑤ 小电器类 |
| ② 图书、书稿类 | ⑥ 日记、书信类 |
| ③ 文凭、照片类 | ⑦ 季节用品类 |
| ④ 旅行用品类 | ⑧ |

20　年　　月　　日整理

**第　　号箱分类贴**

| | |
|---|---|
| ① | ⑤ |
| ② | ⑥ |
| ③ | ⑦ |
| ④ | ⑧ |

20　年　　月　　日整理

# 临终关怀和安宁疗护

"临终关怀"是近些年日渐被老人熟知的名词。很多老人开始意识到有那么一天，自己也有可能成为临终关怀的对象，因此产生了危机感。几十年前，中国人的平均寿命还不高，临终关怀的问题并不突出。如今中国人的平均寿命接近76岁，晚期癌症、骨折瘫痪、脑溢血、全失能，让在死亡线上挣扎的老人越来越多。虽然痛苦，可还想活下去，该怎么办？临终关怀的生存方式给老人带来了一项选择，替代了以往的医疗方式，使没有治愈希望的临终病人能够在有较高生存质量的状况下度过人生最后的旅程。临终关怀的目标不是使患者康复与痊愈，而是让患者在生命的有限期内，在充满人间温情的氛围中，安详、平和、舒适、拥有尊严、无憾无怨地离开人世。临终关怀是一种特殊的卫生保健服务，它对病人精神上的疗护，远远超过了当下的医疗手段。

临终关怀是一个历史悠久的概念，起源于中世纪的欧洲，英语表述为"hospice care"。欧美人将其称为"终末期护理"，加拿大人解释成"缓和护理"，日本人理解为"缓和照顾"，中国香港译成"善终服务"，中国台湾译成"安宁照顾"。1988年，天津医学院成立临终关怀中心时，将这个英文词组译成"临终关怀"，并一直沿用至今。由于临终关怀的用语比较直白，目前我国官方经常使用"安宁疗护"的用语。

在临床医疗中，不治之症在大概率上是无法治愈的。当病人的病情处于不可逆转的状态时，"治疗"已经不再具有意义，这时可用安宁疗护取代治疗。在这种情况下，放弃治疗采用临终关怀的方式疗护病人，被视为善意的选择。临终关怀工作中的淡化治疗与见死不救放弃治疗，在伦理道德层面是完全不同的两个概念。临终关怀淡化了"治疗"，提供更多"关怀"理念的疗护，从而在以下方面大幅提高了病人的生存质量：①维护临终病人的尊严；②使临终病人避免承受过度医疗的痛苦；③使临终病人安宁平静地死去；④使社会、家庭和临终病人之间维系一种合理与协调的人性关系状态。临终关怀的职业行为，一方面可以集中精力，针对临终病人的生命质量予以照护，使临终病人感受到人间的温暖；另一方面，临终疗护的费用与治疗费用相比较低，容易被病人或家属接受，有助于减轻家庭经济方面的压力。对国家和个人来说，它都不失为一种有利于分配医疗资源和家庭资源的方式。

我国对于临终病人的定位尚无国家标准，但通常已经确诊患有不治之症，而且已经丧失自理能力、预计生存期约在3至6个月之内的病人，一般就可以视为临终病人。这个群体在发达国家被称为临终病人症候群，适应于患以下病症的人群：①晚期恶性癌症；②卒中后遗症，有偏瘫、大小便失禁或严重并发症；③因衰老或多种慢性疾病，全身情况极度衰竭；④骨折不愈、长期卧床、体质衰弱，发生大面积褥疮；⑤脑部肿瘤或神经系统疾病，且病情出现恶化；⑥严重的心肺疾病，且病情反复发作治疗无望；⑦多脏器衰竭，病情危重；⑧植物人；等等。

我国临终关怀事业目前面临的最大问题是，由于侧重卫生保健服务和精神疗护，这类疗护手段未被列入医疗救治行为，无法通过医疗保险报销。我国临终关怀的病人长期以来只能自费入院接受服务，这无疑增加了病人的个人负担。近年来，我国逐渐加强了对临终关怀事业发展的重视，强调要完善与临终疗护相关的保险制度，并在部分省市试点将医疗参保的临终关怀病人的医疗费纳入医保的支付范围。

# 2 我的金融账户

| 银行① | 银 行 名 | |
|---|---|---|
| | 银行地址 | |
| | 银行电话 | |
| | 账户人名 | |
| | 账户储蓄种类 | ☐ 活期　　☐ 定期　　☐ |
| | 银行卡号四位尾数 | ■■■■　■■■■　■■■■　☐☐☐☐ |
| | 账户捆绑电话尾数 | ■■■　■■■■　☐☐☐☐ |
| | 账户捆绑电子信箱 | |
| | 网银办理支行名 | |
| | 网银办理支行电话 | |
| | 网银登录名 | |
| | 网银账户用途 | ☐ 收入　　☐ 缴费　　☐　　　☐ |
| 银行② | 银 行 名 | |
| | 银行地址 | |
| | 银行电话 | |
| | 账户人名 | |
| | 账户储蓄种类 | ☐ 活期　　☐ 定期　　☐ |
| | 银行卡号四位尾数 | ■■■■　■■■■　■■■■　☐☐☐☐ |
| | 账户捆绑电话尾数 | ■■■　■■■■　☐☐☐☐ |
| | 账户捆绑电子信箱 | |
| | 网银办理支行名 | |
| | 网银办理支行电话 | |
| | 网银登录名 | |
| | 网银账户用途 | ☐ 收入　　☐ 缴费　　☐　　　☐ |

注：1. 出于保密目的，银行卡及电话号码仅记入四位尾数；2. 银行卡及网银登录密码参见附件《我的密码本》。

| | | |
|---|---|---|
| **银行③** | 银 行 名 | |
| | 银行地址 | |
| | 银行电话 | |
| | 账户人名 | |
| | 账户储蓄种类 | ☐ 活期　　☐ 定期　　☐ |
| | 银行卡号四位尾数 | ■■■■ ■■■■ ■■■■ ☐☐☐☐ |
| | 账户捆绑电话尾数 | ■■■ ■■■■ ☐☐☐☐ |
| | 账户捆绑电子信箱 | |
| | 网银办理支行名 | |
| | 网银办理支行电话 | |
| | 网银登录名 | |
| | 网银账户用途 | ☐ 收入　　☐ 缴费　　☐　　　☐ |
| **银行④** | 银 行 名 | |
| | 银行地址 | |
| | 银行电话 | |
| | 账户人名 | |
| | 账户储蓄种类 | ☐ 活期　　☐ 定期　　☐ |
| | 银行卡号四位尾数 | ■■■■ ■■■■ ■■■■ ☐☐☐☐ |
| | 账户捆绑电话尾数 | ■■■ ■■■■ ☐☐☐☐ |
| | 账户捆绑电子信箱 | |
| | 网银办理支行名 | |
| | 网银办理支行电话 | |
| | 网银登录名 | |
| | 网银账户用途 | ☐ 收入　　☐ 缴费　　☐　　　☐ |

注：1.出于保密目的，银行卡及电话号码仅记入四位尾数；　2.银行卡及网银登录密码参见附件《我的密码本》。

# 我的信用卡

| | 银 行 名 | | 银行地址 | |
|---|---|---|---|---|
| 信用卡① | 银行电话 | | 账户人名 | |
| | 卡姓名拼音 | | 信用卡种类 | □ VISA　　□ |
| | 卡四位尾数 | ■■■■ ■■■■ ■■■■ □□□□ | 信用卡等级 | □白金卡　　□ |
| | 卡有效期限 | 年　　月　　日 | 网银登录名 | |
| | 卡报失电话 | | | |
| | 银 行 名 | | 银行地址 | |
| 信用卡② | 银行电话 | | 账户人名 | |
| | 卡姓名拼音 | | 信用卡种类 | □ VISA　　□ |
| | 卡四位尾数 | ■■■■ ■■■■ ■■■■ □□□□ | 信用卡等级 | □白金卡　　□ |
| | 卡有效期限 | 年　　月　　日 | 网银登录名 | |
| | 卡报失电话 | | | |
| | 银 行 名 | | 银行地址 | |
| 信用卡③ | 银行电话 | | 账户人名 | |
| | 卡姓名拼音 | | 信用卡种类 | □ VISA　　□ |
| | 卡四位尾数 | ■■■■ ■■■■ ■■■■ □□□□ | 信用卡等级 | □白金卡　　□ |
| | 卡有效期限 | 年　　月　　日 | 网银登录名 | |
| | 卡报失电话 | | | |
| | 银 行 名 | | 银行地址 | |
| 信用卡④ | 银行电话 | | 账户人名 | |
| | 卡姓名拼音 | | 信用卡种类 | □ VISA　　□ |
| | 卡四位尾数 | ■■■■ ■■■■ ■■■■ □□□□ | 信用卡等级 | □白金卡　　□ |
| | 卡有效期限 | 年　　月　　日 | 网银登录名 | |
| | 卡报失电话 | | | |

注：1. 出于保密目的，信用卡号仅记入四位尾数；　2. 信用卡及网银登录密码参见附件《我的密码本》。

| 股票① | 交易公司名 | | 营业部地址 | |
| | 个人账户 | | 账户号码 | |
| | 三方存管银行 | | 银行卡尾数 | ■■■■ ■■■■ ■■■■ □□□□ |
| | 交易网站名 | | 网站登录名 | |
| | 营业部电话 | | 经办人电话 | |
| 股票② | 交易公司名 | | 营业部地址 | |
| | 个人账户 | | 账户号码 | |
| | 三方存管银行 | | 银行卡尾数 | ■■■■ ■■■■ ■■■■ □□□□ |
| | 交易网站名 | | 网站登录名 | |
| | 营业部电话 | | 经办人电话 | |
| 期货 | 交易公司名 | | 营业部地址 | |
| | 个人账户 | | 账户号码 | |
| | 三方存管银行 | | 银行卡尾数 | ■■■■ ■■■■ ■■■■ □□□□ |
| | 交易网站名 | | 网站登录名 | |
| | 营业部电话 | | 经办人电话 | |
| 债券 | 交易公司名 | | 营业部地址 | |
| | 个人账户 | | 账户号码 | |
| | 三方存管银行 | | 银行卡尾数 | ■■■■ ■■■■ ■■■■ □□□□ |
| | 交易网站名 | | 网站登录名 | |
| | 营业部电话 | | 经办人电话 | |
| 黄金 | 交易公司名 | | 营业部地址 | |
| | 个人账户 | | 账户号码 | |
| | 三方存管银行 | | 银行卡尾数 | ■■■■ ■■■■ ■■■■ □□□□ |
| | 交易网站名 | | 网站登录名 | |
| | 营业部电话 | | 经办人电话 | |

注：交易网站登录密码和三方存管银行取款密码，请参见附件《我的密码本》。

# 我的投资

| 交易公司名 | | 营业部地址 | |
|---|---|---|---|
| 个人账户 | | 账户号码 | |
| 三方存管银行 | | 银行卡尾数 | ■■■■ ■■■■ ■■■ □□□□ |
| 交易网站名 | | 网站登录名 | |
| 营业部电话 | | 经办人电话 | |
| 交易公司名 | | 营业部地址 | |
| 个人账户 | | 账户号码 | |
| 三方存管银行 | | 银行卡尾数 | ■■■■ ■■■■ ■■■ □□□□ |
| 交易网站名 | | 网站登录名 | |
| 营业部电话 | | 经办人电话 | |
| 交易公司名 | | 营业部地址 | |
| 个人账户 | | 账户号码 | |
| 三方存管银行 | | 银行卡尾数 | ■■■■ ■■■■ ■■■ □□□□ |
| 交易网站名 | | 网站登录名 | |
| 营业部电话 | | 经办人电话 | |
| 交易公司名 | | 营业部地址 | |
| 个人账户 | | 账户号码 | |
| 三方存管银行 | | 银行卡尾数 | ■■■■ ■■■■ ■■■ □□□□ |
| 交易网站名 | | 网站登录名 | |
| 营业部电话 | | 经办人电话 | |
| 交易公司名 | | 营业部地址 | |
| 个人账户 | | 账户号码 | |
| 三方存管银行 | | 银行卡尾数 | ■■■■ ■■■■ ■■■ □□□□ |
| 交易网站名 | | 网站登录名 | |
| 营业部电话 | | 经办人电话 | |

注：交易网站登录密码和三方存管银行取款密码，请参见附件《我的密码本》。

| 序号 | 缴费名 | 缴费契约公司 | 用户名 | 缴费户号 | 公司联系电话 |
|---|---|---|---|---|---|
| 1 | 电　费 | | | | |
| 2 | 水　费 | | | | |
| 3 | 燃气费 | | | | |
| 4 | 暖气费 | | | | |
| 5 | 宽带费 | | | | |
| 6 | 有线电视费 | | | | |
| 7 | 固定电话费 | | | | |
| 8 | 手机费 | | | | |
| 9 | 物业费 | | | | |
| 10 | 房贷费 | | | | |
| 11 | 车贷费 | | | | |
| 12 | 医保费 | | | | |
| 13 | 租房费 | | | | |
| 14 | | | | | |
| 15 | | | | | |
| 16 | | | | | |
| 17 | | | | | |
| 18 | | | | | |
| 19 | | | | | |
| 20 | | | | | |
| 21 | | | | | |
| 22 | | | | | |
| 23 | | | | | |
| 24 | | | | | |
| 25 | | | | | |

# 子女钱财互赠记录

| 赠与人 | 受赠人 | 赠受关系 | 赠受事由 |
|--------|--------|----------|----------|
|  |  |  |  |
|  |  |  |  |
|  |  |  |  |
|  |  |  |  |
|  |  |  |  |
|  |  |  |  |
|  |  |  |  |
|  |  |  |  |
|  |  |  |  |
|  |  |  |  |
|  |  |  |  |
|  |  |  |  |
|  |  |  |  |
|  |  |  |  |
|  |  |  |  |
|  |  |  |  |
|  |  |  |  |
|  |  |  |  |
|  |  |  |  |

# 子女钱财互赠记录

| 赠受物件 | 折合金额 | 赠受时间 | 赠受地点 | 备 注 |
|---|---|---|---|---|
| | | 年　　月　　日 | | |
| | | 年　　月　　日 | | |
| | | 年　　月　　日 | | |
| | | 年　　月　　日 | | |
| | | 年　　月　　日 | | |
| | | 年　　月　　日 | | |
| | | 年　　月　　日 | | |
| | | 年　　月　　日 | | |
| | | 年　　月　　日 | | |
| | | 年　　月　　日 | | |
| | | 年　　月　　日 | | |
| | | 年　　月　　日 | | |
| | | 年　　月　　日 | | |
| | | 年　　月　　日 | | |
| | | 年　　月　　日 | | |
| | | 年　　月　　日 | | |
| | | 年　　月　　日 | | |
| | | 年　　月　　日 | | |
| | | 年　　月　　日 | | |
| | | 年　　月　　日 | | |
| | | 年　　月　　日 | | |
| | | 年　　月　　日 | | |
| | | 年　　月　　日 | | |

**亲朋好友互赠礼品记录**　　　　　　年　　月　　日记入

| 送礼人 | 受礼人 | 送受关系 | 送受事由 |
|---|---|---|---|
| | | | |
| | | | |
| | | | |
| | | | |
| | | | |
| | | | |
| | | | |
| | | | |
| | | | |
| | | | |
| | | | |
| | | | |
| | | | |
| | | | |
| | | | |
| | | | |
| | | | |
| | | | |
| | | | |
| | | | |
| | | | |

# 亲朋好友互赠礼品记录

| 送受物件 | 折合金额 | 送受时间 | 送受地点 | 备 注 |
|---|---|---|---|---|
| | | 年　　月　　日 | | |
| | | 年　　月　　日 | | |
| | | 年　　月　　日 | | |
| | | 年　　月　　日 | | |
| | | 年　　月　　日 | | |
| | | 年　　月　　日 | | |
| | | 年　　月　　日 | | |
| | | 年　　月　　日 | | |
| | | 年　　月　　日 | | |
| | | 年　　月　　日 | | |
| | | 年　　月　　日 | | |
| | | 年　　月　　日 | | |
| | | 年　　月　　日 | | |
| | | 年　　月　　日 | | |
| | | 年　　月　　日 | | |
| | | 年　　月　　日 | | |
| | | 年　　月　　日 | | |
| | | 年　　月　　日 | | |
| | | 年　　月　　日 | | |
| | | 年　　月　　日 | | |
| | | 年　　月　　日 | | |
| | | 年　　月　　日 | | |
| | | 年　　月　　日 | | |

# 年度收支评估表

| 收支分类 | 时 间 | | | |
|---|---|---|---|---|
| | 20　　年 | 20　　年 | 20　　年 | 20　　年 |
| 全年总收入 | | | | |
| ① 税金 + 保险金 | | | | |
| 消费支出分类 饮　　食 | | | | |
| 购房租房 | | | | |
| 水电气暖 | | | | |
| 家事用品 | | | | |
| 衣　　物 | | | | |
| 医疗保健 | | | | |
| 交 通 费 | | | | |
| 通信网络 | | | | |
| 教　　育 | | | | |
| 娱乐旅游 | | | | |
| 日常交际 | | | | |
| 子女赠与 | | | | |
| | | | | |
| | | | | |
| | | | | |
| | | | | |
| | | | | |
| ②总消费合计 | | | | |
| 总支出 = ① + ② | | | | |
| 结余 = 总收入 − 总支出 | | | | |

# 老后资产分类

老人及早明确自己的资产清单并管理好这些资产，对于晚年生活是尤为重要的事。日本老人退休后一般会重新梳理个人的资产，分成不动产、可用资产、备用资产三种类型来管理。

**不动产**

### 1. 不动产

住宅是个人私有的生活空间，是挪不动搬不走的最重要的资产之一，所有者可以将其作为遗产留给后人继承。住宅有保值的功能，但不容易立即兑换成现金。未来如果以房养老的模式能够实现，对于缺少现金却持有房产的老人来说，房产的价值可以帮助他们改善境况，例如通过抵押或折价出售房产的方法入住养老院，颐养天年。

**可用资产**

**备用资产**

### 2. 可用资产

可用资产是老人可以有计划地消费、使用的资产。老人在不动资产之外通常还拥有部分流动资产，主要包括退休前储蓄的现金和退休后享受的养老金。老人可以将二者总和中的一部分用于老后日常生活的开销。对可用资产的使用一般以不对家庭经济基础发生重大影响为原则。以60岁~80岁共计20年的老年期为例，假如老人有100万元的现金积蓄，老后每月提取1500元来补充养老金的不足，在20年间动用的可用资产额度约为36万元，约占总积蓄的1/3。

### 3. 备用资产

备用资产是为老后遇到意外情况时准备的救命钱，是不到万不得已不能轻易动用的现金资产。就像老百姓说的，遇到紧急事儿，没有这笔钱可能就过不去这个坎。大病大灾、终末照护、安排死后葬礼，都可能用到备用资产。如果社会福祉尚不能良好地支援养老事业，提前准备好备用资金对老人及整个家庭都具有极重要的意义。那么，老后的备用资产要配置多少才合适呢？日本的理财专家建议备用资产应占到全部储蓄的2/3，这样大致可以应对老后的突发事件。如上例，老人有100万元的现金存款，预计在20年间用掉36万元可用资产，剩余的64万元即为备用资产。如果老人仅有50万元的现金存款，应以其中的1/3（即17万元）为可用资产。在20年的养老期间，老人每月从可用资产中取出约700元用于生活补贴。余下的2/3（即33万元）为备用资产，用于应急的准备。

中国老人关心如何为自己养老，而最让人担心的养老问题莫过于老后的医疗，因为每一场大病医疗的花费都不亚于一台吞钱的机器。那么，一位老人要准备多少资金才能应付大病医疗？有专家计算得出，中国城镇居民应对大病需要的医疗和养护准备金为25.8万元、紧急事态准备金20万元，合计45.8万元；乡村居民则需要医疗和养护准备金20.3万元、紧急事态准备金10万元，合计30.3万元。参照以上数字，以中国人的家庭经济状况应对养老和医疗费用，支付能力还是略显不足的。因此，老人们必须做好老后资产分类管理，积蓄充足的备用资产。

# 老人房屋过户手续

　　老人去世后房产如何过户，可以说是遗产继承中最令人关注的大事之一。这是因为房产的价值巨大，房产的变更和继承关系到每一位继承人的利益。可是，如何在老人去世后办理房产过户呢？很多人都不是很清楚，所以办理起来感觉非常麻烦。本文用流程图的形式介绍如何办理房产的过户。

　　办理老人房产过户手续，我们可以简单地将其拆分成四大板块。①开具死亡证明书：无论是否继承房产，老人的子女或其他继承人在老人故去后都应尽快向户籍所在地派出所申告，办理户口注销手续并获取死亡证明书。②确定房产继承权：房产的继承权应根据老人生前是否留有遗嘱和相关安排以及《中华人民共和国继承法》（简称《继承法》）的法定继承原则来判定，必要时也可通过法庭裁决。③办理继承权公证：前往公证处办理继承权公证，必要时需其他继承权人配合办理放弃房屋继承的公证。④办理房屋过户登记手续：携带上述证明，前往房屋权属登记中心办理房产过户手续。

## 开具死亡证明书

①医院等医疗卫生单位开具死亡医学证明
②居委会、村委会、卫生所开具死亡证明
③非正常死亡，由公安司法部门开具死亡证明
④遗体已经火化，由殡葬部门开具火化证明

①死者户口簿（原件）
②死者居民身份证
→ 户口所在地派出所 →
办理死亡登记手续
办理注销户口手续
→ 派出所出具死亡证明书

## 办理继承权公证

办理公证所需手续 →

【单一继承人手续】
①被继承人死亡证明书（户口注销单）
②房屋所有权证、国有土地使用证
③被继承人的亲属关系证明
④继承人居民身份证、户口簿原件
【复数继承人手续】
⑤写放弃继承同意书或法院继承人判决书
⑥其他继承人办理放弃房屋继承权公证

→ 填写《公证申请表》，公证员审核材料
→ 凭受理通知单付公证费，索取公证费发票
→ 规定日凭公证费发票和身份证领取公证书

\* 亲属关系证明说明被继承人的配偶、子女、父母构成，一般由被继承人人事档案保管部门出具。\*\* 在法定继承中，当有其他法定第一继承人存在时，独生子女非单一继承人，遗嘱继承除外。

## 确定房屋继承权

老人过世后确定房屋继承权和房屋过户

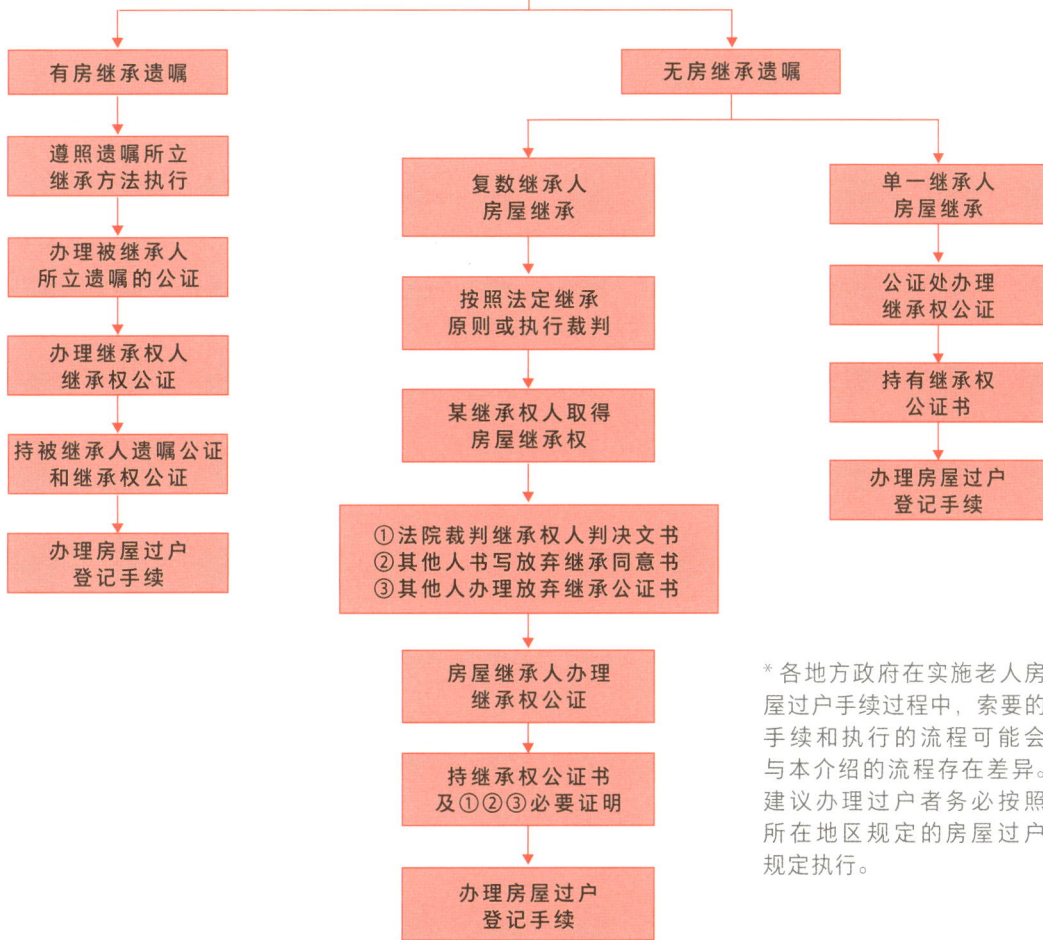

有房继承遗嘱

无房继承遗嘱

遵照遗嘱所立继承方法执行

办理被继承人所立遗嘱的公证

办理继承权人继承权公证

持被继承人遗嘱公证和继承权公证

办理房屋过户登记手续

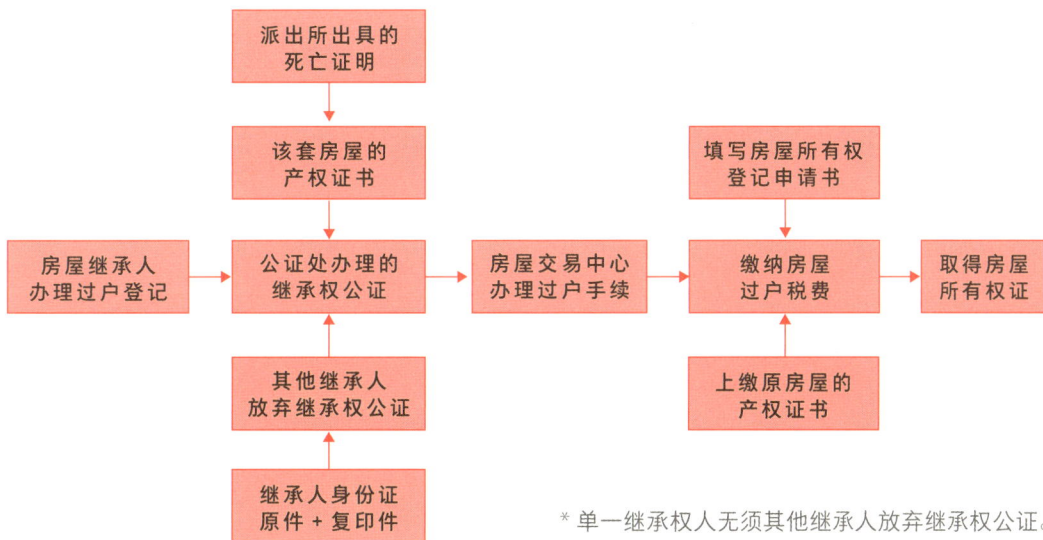

复数继承人房屋继承

单一继承人房屋继承

按照法定继承原则或执行裁判

公证处办理继承权公证

某继承权人取得房屋继承权

持有继承权公证书

①法院裁判继承权人判决文书
②其他人书写放弃继承同意书
③其他人办理放弃继承公证书

办理房屋过户登记手续

房屋继承人办理继承权公证

持继承权公证书及①②③必要证明

办理房屋过户登记手续

\* 各地方政府在实施老人房屋过户手续过程中，索要的手续和执行的流程可能会与本介绍的流程存在差异。建议办理过户者务必按照所在地区规定的房屋过户规定执行。

## 办理房屋过户登记手续

派出所出具的死亡证明

该套房屋的产权证书

填写房屋所有权登记申请书

房屋继承人办理过户登记

公证处办理的继承权公证

房屋交易中心办理过户手续

缴纳房屋过户税费

取得房屋所有权证

其他继承人放弃继承权公证

上缴原房屋的产权证书

继承人身份证原件＋复印件

\* 单一继承权人无须其他继承人放弃继承权公证。

# 遗产税和赠与税

被继承人死亡后，继承人有权继承死者的遗产，但国际上的通行做法是继承人在财产继承前必须向国家缴纳遗产税。那么什么是遗产税呢？简单地说，遗产税是国家在赋予公民继承遗产权利时征收的税。继承人如果想继承被继承人的遗产，就得按照被继承人死亡时留下的遗产的市场价格向国家相关部门缴纳规定比率的遗产税，然后才有权继承遗产，不缴纳遗产税就不能合法地继承遗产。

## 1. 遗产税的现状

现代国家征收遗产税的目的，是通过对遗产和赠与财产的税收政策来调节社会成员之间的贫富差距，以期达到社会关系的公正与和谐。世界各国的遗产税法有很大差异，有的国家对全部遗产都要征税，有的国家只对遗产中的某项征税，有的国家则没有遗产税法，对遗产不征税。至于纳税人，有的国家规定继承人是纳税人，有的国家规定被继承人是纳税人，后者意味着由死者充任纳税人，所以又被称为"死亡税"。遗产税最早产生于4000多年前的古埃及，当时是出于筹措军费的需求。近代的遗产税始征于1598年的荷兰，其后英国、法国、德国、日本、美国等国也相继开征了遗产税，开征遗产税的主要目的也是为了筹措战争经费。随着战争爆发和终止，以筹措战争经费为目的的遗产税出现了征停断续的现象。直到20世纪，遗产税才逐渐成为各国不以战争为目的的固定税种。目前世界上已有100多个国家和地区实施了遗产税法。

在中国历史上，南京国民党政府曾于1938年10月颁布《遗产税暂行条例》，并于1940年7月1日起正式开征遗产税。抗战胜利后，南京政府于1946年完成了遗产税立法程序，《遗产税法》于当年4月16日公布并即日施行。南京国民党政府的遗产税法从实行到终结，共经历了近10年的时间。新中国成立后，中共中央于1950年1月颁布《全国税收实施要则》，遗产税位列其中。然而，考虑到国家初建，全国尚未解放统一，国民生活和社会也尚不安定，遗产税的立法和实施未能实现。1985年，《关于〈中华人民共和国继承法〉（草案）的说明》提出要设立遗产税，并提案准备另行制定相关税法。1993年12月，国务院在批转国家税务总局《工商税制改革实施方案》时，再次提到开征遗产税。1997年，党的十五大报告正式提出开征遗产税等税种。2004年9月，中国经济网首次刊登了《遗产税暂行条例（草案）》，传闻该草案已经上报国务院审议。2010年8月，《中华人民共和国遗产税暂行条例（草案）》（指2010年"新版草案"）出台，但没有正式公布和实施。2013年2月，国务院在批转国家发改委《关于深入收入分配制度改革的若干意见》时，提出应在适当时期开征遗产税。2016年，中国社会科学院发布2017年《经济蓝皮书》，呼吁尽快实施房地产税和遗产税。2017年8月21日，财政部在官网公布《关于政协十二届全国委员会第五次会议第0107号》，强调我国目前尚未开征遗产税，也从未发布与遗产税相关的条例或条例草案，平息了社会上议论我国已经开征遗产税的传言。

我国目前尚未开征遗产税，不等于以后就不征收遗产税，只是相关部门还未正式发布遗产税相关条例和草案。中国老百姓其实没有必要过分担心遗产税，因为遗产税立法本身是以调节社会贫富差距为目的的，高额课税的对象主要是资本大量集中的富裕阶层。有些人还担心遗产税会导致资本外流，但事实上许多征收遗产税的发达国家并未因遗产税引发资本大逃离的现象。纵观我国历史上国共两党对待遗产税的立场及实践，未来中国遗产税的立法和实施将无法回避。

以世界上发达国家和地区的经验为参照，遗产税的征收范围和比例可谓多种多样。美国的遗产税属于总遗产税制，遗产税和赠与税合并采用统一的累进税率，最低税率为18%，最高税率为50%。英国公民在世界各地的资产都要征遗产税，最初遗产税开征时的起征点是14万英镑，随后起征点不断提高，目前的起征点为25.5万英镑，适应税率为40%。法国遗产税的税率是根据遗产继承数额大小以及继承人与被继承人的血缘关系远近确定的。继承遗产的数额越大，与被继承人的血缘关系越远，纳税率就越高。遗产税以8072欧元为起征点，遗产税率从5%到45%共分7个档次，如第6档90万至180万欧元对应的税率为40%。德国的遗产税和赠与税实行超额累进税率，且参照被继承人与继承人或受遗赠人、赠与人与被赠与人之间的亲疏关系采取不同税率，遗产税实行3%~35%、6%~50%、11%~65%、20%~70%的超额累进税率。日本的遗产税制，根据每个继承人所继承的遗产额度课税。对于日本公民的继承人而言，不论其继承的遗产是在境内还是在境外，都需征税。但作为居留者的非日本公民仅需为其在日本继承的遗产承担纳税义务。继承税率从10%到70%共分13个档次，起征点为3000万日元。香港地区在回归祖国之后，于2006年废除了遗产税。台湾地区在2009年将继承税率统一调整为10%，遗产总额在计算时可先扣除1200万台币的免税额。

　　根据中国经济网披露的《遗产税暂行条例（草案）》，中国未来遗产税的征收税率很有可能按照以下的"遗产税五级超额累计税率表"实施。继承的遗产若低于80万元，税率为0，不征收遗产税；当继承的遗产超过80万元时，即开始征税。计算公式为：遗产税金额 = 继承遗产净额 × 税率%- 速算扣除数。例如，总额为100万元的继承遗产应缴纳的遗产税为100×20%-5=15万，需缴纳遗产税15万元。又如，总额为350万元的继承遗产应缴纳的遗产税为350×30%-25=80万，需缴纳遗产税80万元。再如，总额超过800万元的继承遗产应缴纳的遗产税为800×40%-75=245万，需缴纳遗产税245万元。

### 2. 遗产税和赠与税

　　世界各发达国家的遗产法和我国《遗产税暂行条例（草案）》都涉及遗产税和赠与税的税项，那么遗产继承和财产赠与有什么区别呢？遗产继承是指将被继承人死亡时遗留的财产依法转移给他人继承。而财产赠与是指赠与人在生前将自己的财产无偿给予受赠人，由受赠人实际接受的一种行为，它的实质是财产所有权在生前发生转移。继承和赠与在财产接受的性质上有所不同，赠与属于一种合同行为，要通过签订赠与合同的法律程序来完成，而继承是因被继承人死亡而产生的继承事实。遗产继承在被继承人死后生效，财产赠与则在赠与人生前生效。我国的遗产继承在目前仍是免税的，而财产赠与需要合同双方签署合同和缴纳必要的税款。例如，老人在赠与房屋并办理过户手续时，需缴纳公证费和契税。我国各地的契税略有不同，一般是房价评估额的1.5%~3%。

　　作为遗产税中的一种，赠与税有着悠久的历史，在大多数国家的继承法中都有规定。财产赠与基本额

## 遗产税五级超额累计税率表（暂未实行）

| 应纳税遗产净额（元） | 税率（%） | 速算扣除数（元） |
|---|---|---|
| 不超过80万的部分 | 0 | 0 |
| 超过80万至200万的部分 | 20 | 50000 |
| 超过200万至500万的部分 | 30 | 250000 |
| 超过500万至1000万的部分 | 40 | 750000 |
| 超过1000万的部分 | 50 | 1750000 |

注：遗产税计算公式 = 应纳税遗产净额 × 适用税率 - 速算扣除数。

度的计算是从财产所有者生前赠与他人的财产总额减去法定扣除额之后的净值。赠与税属于广义上的遗产税，它与遗产税的不同之处在于遗产税是主税，针对财产所有者死亡后的遗产额征税，死亡是课税的必要条件。而赠与税则是补充税，是对财产所有者生前赠与别人的财产额征税，与死亡没有必然联系。开征赠与税的目的在于补充遗产税的不足，防止财产所有者在生前将财产赠与他人而逃避纳税。举例来说，有些老人以为在生前及时疏散财产，将房地产、现金、珠宝等财产赠与子女，就可以相应减少遗产额少交遗产税。老人在生前赠与子女财产虽然是合法的，但是老人去世后，生前赠与的财产将被并入遗产，并按照法律规定的赠与税率征收赠与税。开征赠与税与遗产税的目的一样，都是为了限制社会财富向少数人集中，使社会财富分配更趋平等。不过，由于财产的生前赠与状况和赠与额度不便核查、难以准确估值，以及税务部门在课税过程中的成本过高等原因，事实上这一领域存在严重的逃税现象。从这个意义上说，赠与税对公平社会财富分配的实际影响低于理论的预期。

我国未来可能实行的赠与税在《遗产税暂行条例（草案）》中已有明文规定。该条例的第二条规定，"本条例规定应征收遗产税的遗产包括被继承人死亡时遗留的全部财产和死亡前五年内发生的赠与财产"。第六条规定，被继承人死亡前五年内发生的累计不超过二万元的赠与财产可以从应征税的遗产总额中扣除。第十六条规定，赠与财产在赠与时有价可依的，按所列价格计算；无价可依或申报价格明显低于正常价格的，按赠与时的评估价值计算财产价值由政府批准设立的评估机构进行评估，评估结果须经主管税务机关确认。由此可见，我国拟定的法规已经划出生前赠与范围的红线，即在"死亡前五年内"的赠与，以及不超过二万元的赠与可免征税款。目前各国实行的赠与税法，规定死亡前赠与的免税年限以及赠与的免税额度均各不相同。

### 3. 个人与遗产税

在社会上及早实施遗产税的呼声下，我国遗产税立法蓄势待发。享受改革红利、日益富裕的老人们在面对和思考遗产继承税的问题时，怎样才能更合理地安排财产呢？

其一，建议老人及其继承者正确地理解遗产税的意义。就个人和家族而言，获得大笔遗产并不一定就是绝对的好事，与其让继承人不劳而获，得到大笔意外之财，不如通过征收遗产税将其中的一部分划归社会所有，这样既能削弱继承人的购买力，限制其奢靡炫富的恶习，又可以避免他们今后不思进取，躺在遗产上过日子。在一定意义上来说，遗产税的征收有助于激励后辈奋发图强。

其二，老人应通过对遗产税的研究做到心中有数，掌握基本的理财知识和处理个人财产的方案。例如，老人个人财产的传承方式，是继承合算还是赠与有利？采取哪种做法在完税后能更多地保留财产？老人可以在遗产税率和赠与税率的比较研究中，找出符合自己利益的选择。

其三，在全球移民化的时代，中国公民遍布于世界各个角落，而且持有相当多的海外资产。如果有一天拥有财产的中国公民在国内或境外死亡，他们的财产应如何继承？要按照哪个国家的遗产法纳税？这其实是关乎切身利益的大事。在年华老去之后，这些曾在海外工作、学习、居留的中国公民有必要确认在自己死亡后个人所有的境内和境外财产所对应的该国课税规则。后文图示"中国公民居住地死亡遗产税征收方式"介绍了不同居住地的中国公民去世后个人财产继承的纳税方式。①境内居住的中国公民在死亡后，其境内及境外财产都需按中国遗产税法纳税。但由于中国目前尚未实施遗产税立法，所以纳税额度为零。②取得某国绿卡或永久居住权的中国公民在境外死亡后，其在中国的财产按照中国现行法律执行，而在居住国的财产按照所在国遗产税法进行纳税。

其四，遗产继承额的计算关系到被继承人与继承人的切身利益，因此，老人应该掌握它的一般算法。①先确认适用于遗产税的财产类别，房地产、现金与存款、有价证券、保险产品收益、礼物、古董、珠宝首饰、车辆、家具都是遗产税征税的对象。②弄清楚在课税前有哪些可免征税的项目，如债务、非课税财产、遗产税免征额等。债务是指负资产，包括借款、房贷车贷、保证人债务、葬礼费用、损害赔偿责任等。而非课税财产涉及生前准备的墓地和葬礼准备金、遗嘱中指定的公益事业捐赠等。再如，根据上述《遗产税暂行条例（草案）》中第七条的规定，遗产税免征额为 20 万元。这些债务、非课税财产、遗产税免征额，都是可以在税前扣除、不计入缴税总额的。③图示"遗产继承净财产的算法"说明了课税净财产的计算方法。用统计得出的遗产总额减去债务、非课税财产、遗产税免征额，最后便得到应课税的净财产。④在课税净财产、赠与财产完税之后，继承人可以继承的财产就是遗产继承净财产。继承额度的实际计算比较复杂，根据不同的家庭状况、遗嘱、继承人与被继承人的血缘关系、继承人数等会计算出不同的结果。

## 中国公民居住地死亡遗产税征收方式

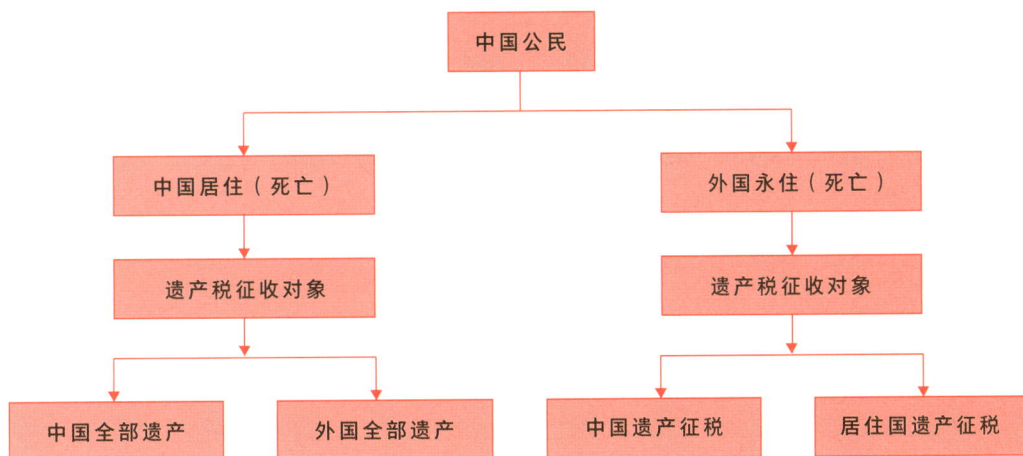

中国公民

中国居住（死亡）　　　　　　外国永住（死亡）

遗产税征收对象　　　　　　　遗产税征收对象

中国全部遗产　　外国全部遗产　　中国遗产征税　　居住国遗产征税

\* 遗产内容包括被继承人死亡时遗留的全部财产和死亡前五年内发生的赠与财产

## 遗产继承净财产的算法

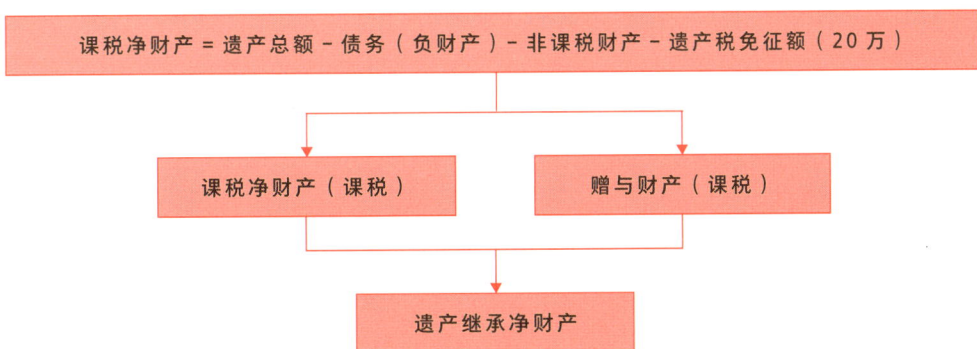

课税净财产＝遗产总额－债务（负财产）－非课税财产－遗产税免征额（20 万）

课税净财产（课税）　　　　　赠与财产（课税）

遗产继承净财产

# 负　债

　　在现代社会活动中，持有一定的负债是很常见的事情。理财专家认为合理的负债有利于资产的保值和增值。然而，很多中国老人抱有传统观念，觉得欠人家钱财负债过日子不踏实，所以排斥任何类型的负债。那么，老人们该如何理解负债呢？负债又称债务，可以分为积极负债和消极负债，或称主动性负债和被动性负债。

　　积极负债是指通过负债，可以带来大于负债成本的收益。例如，把钱投资到能产生比贷款利率更高收益率的项目上，如购置房产、补贴教育等。这类投资从短期来看的确形成了负债，可是从中长期来看，利用银行贷款购置的房产逐年升值，回报远远超过了贷款本金和利率的总额，这就是典型的积极负债产生的效果。人们普遍认为现在孩子的教育费用负担太重，但即便如此，还是想方设法投资孩子的教育，这又是为什么呢？当然是望子成龙，为了孩子将来有个好前程。的确，孩子的成长和未来的发展是无法简单地用贷款利率来衡量的。许多孩子是在家长负债投资的支持下才取得了可喜成绩的，所以中国老人应该看到积极负债并非是坏事。

　　消极负债的特点是借债产生的收益不能抵销债务成本或根本没有收益产生。举例来说，如果老人投资的房产地理位置不佳、建筑本身存在缺陷、周边有噪音等环境污染，这样的房产投资就很难增值，无法带来收益回报，结果沦为消极负债。在教育上盲目投资，一味将金钱投资到娇生惯养、只懂享乐、不求进取的不孝子女身上，老人也将承担消极负债的风险。

　　老人辛苦了一辈子，终有一天会先于后代离开。既然老人的子女可以理所当然地继承他们的遗产，那么对于他们的负债，子女是不是也有责任代为偿还呢？中国有句俗语"父债子偿"。父母欠债，儿女还债，被认为是天经地义的。欠债还钱是整个社会所认同的道德准则，正是因为建立了有借有还的借贷信用观，人类社会才得以在诚信的基础上获得良性发展。父母的负债大多是为了维持家庭生计欠下的，子女正是其中的既得利益者。受益而不回报，我们又何谈人性的感恩报德呢？因此，从中国人的传统文化理念的立场出发，父母欠债、儿女还债，仍然是天经地义的事。

　　在当今的法制社会，如果父母健在，子女没有义务偿还父母的债务。即使父母无钱还债，法院也不会强行冻结子女的银行存款为父母抵债。尽管不替父母还债，但子女仍然有赡养父母的义务。有些子女自愿为父母还债，这是做父母的福气。《继承法》还规定，在父母去世后若有未清偿的债务，如果子女选择继承父母的遗产，那么便同时继承了父母所有的债务。《继承法》第三十三条规定，"继承遗产应当清偿被继承人依法应当缴纳的税款和债务，缴纳税款和清偿债务以他的遗产实际价值为限。超过遗产实际价值部分，继承人自愿偿还的不在此限""继承人放弃继承的，对被继承人依法应当缴纳的税款和债务可以不负偿还责任"。《继承法》对死者负债的偿还原则做出了明确的解释，其中"依法应当缴纳的税款和债务"确定了赌债、毒品债等属于非法债务，继承人无须偿还。子女作为继承人，有必要了解父母生前的债务状况，否则很容易受到父母债务的牵连。根据《继承法》第二十五条规定："继承开始后，继承人放弃继承的，应当在遗产处理前做出放弃继承的表示。没有表示的，视为接受继承。"也就是说，子女一旦继承了父母的遗产，就必须履行清偿债务的义务。

# 3 我的生前预嘱

# 我的重病史

| 伤病时间 | 年　月　日 | 年　月　日 | 年　月　日 |
|---|---|---|---|
| 伤病年龄 | 岁 | 岁 | 岁 |
| 诊断病名 | | | |
| 诊断部位 | | | |
| 伤病程度 | □重　□中　□轻 | □重　□中　□轻 | □重　□中　□轻 |
| 伤病地点 | | | |
| 伤病原因 | | | |
| 治疗日数 | 日 | 日 | 日 |
| 住院日数 | 日 | 日 | 日 |
| 医治疗法 | | | |
| 主要用药 | | | |
| 合并症状 | □有　　□无 | □有　　□无 | □有　　□无 |
| 后遗症状 | □有　　□无 | □有　　□无 | □有　　□无 |
| 日常影响 | □有　　□无 | □有　　□无 | □有　　□无 |
| 治疗结果 | □优　□良　□差 | □优　□良　□差 | □优　□良　□差 |
| 老后感觉 | □优　□良　□差 | □优　□良　□差 | □优　□良　□差 |
| 就诊医院 | | | |
| 医院地址 | | | |
| 医院电话 | | | |
| 主治医师 | | | |
| 照护的人 | | | |
| 特别记载 | | | |

| 伤病时间 | 年　　月　　日 | 年　　月　　日 | 年　　月　　日 |
|---|---|---|---|
| 伤病年龄 | 岁 | 岁 | 岁 |
| 诊断病名 | | | |
| 诊断部位 | | | |
| 伤病程度 | □重　□中　□轻 | □重　□中　□轻 | □重　□中　□轻 |
| 伤病地点 | | | |
| 伤病原因 | | | |
| 治疗日数 | 日 | 日 | 日 |
| 住院日数 | 日 | 日 | 日 |
| 医治疗法 | | | |
| 主要用药 | | | |
| 合并症状 | □有　　□无 | □有　　□无 | □有　　□无 |
| 后遗症状 | □有　　□无 | □有　　□无 | □有　　□无 |
| 日常影响 | □有　　□无 | □有　　□无 | □有　　□无 |
| 治疗结果 | □优　□良　□差 | □优　□良　□差 | □优　□良　□差 |
| 老后感觉 | □优　□良　□差 | □优　□良　□差 | □优　□良　□差 |
| 就医病院 | | | |
| 医院地址 | | | |
| 医院电话 | | | |
| 主治医师 | | | |
| 照护的人 | | | |
| 特别记载 | | | |

# 终末监护人

**1. 当我处于无判断能力状态时，我授权以下顺序的人做我的监护人，管理我的一切事务**

| | | |
|---|---|---|
| □ 第一监护人： | 关　系： | 电　话： |
| □ 第二监护人： | 关　系： | 电　话： |
| □ 第三监护人： | 关　系： | 电　话： |
| □ 第四监护人： | 关　系： | 电　话： |
| □ 第五监护人： | 关　系： | 电　话： |

**2. 当我处于无判断能力状态时，授权上述监护人共同商议使用我的资产，支付我的养老费**

| | | |
|---|---|---|
| □ 我的养老金 | 银行名称： | 银行卡四位尾号：□□□□ |
| □ 我的银行储蓄 | 银行名称： | 银行卡四位尾号：□□□□ |
| □ 我的人寿保险 | 保险名称： | 保险公司电话号码： |
| □ 我的房产处分 | 上述逐项资金不足时，可出租或出卖我名下的房产，用于支付我的养老费 | |
| □ 养老资金不足时 | 授权上述监护人共同商定我的养老费 | |
| □ 放弃养老责任时 | 我的任一监护人，有权协调各监护人并采取法律途径解决我的养老费 | |

**3. 当我处于无判断能力状态时，授权上述监护人共同商议采用以下养老方式**

| | | | | | |
|---|---|---|---|---|---|
| □ 居家养老、家人照护 | □ 配偶　□ 儿子　□ 女儿　□ | | | | |
| □ 居家养老、家政型保姆 | □ 男 | □ 女 | □ 30岁 | □ 40岁 | □ 50岁　□ 签合同 |
| □ 居家养老、全日型保姆 | □ 男 | □ 女 | □ 30岁 | □ 40岁 | □ 50岁　□ 签合同 |
| □ 健康非失能型养老院 | □ 高档 | □ 中档 | □ 低档 | □ 本地 | □ 外地　□ 海外 |
| □ 全失能护理型养老院 | □ 高档 | □ 中档 | □ 低档 | □ 本地 | □ 外地　□ 海外 |
| □ 临终关怀医院 | □ 高档 | □ 中档 | □ 低档 | □ 本地 | □ 外地　□ 海外 |
| □ | | | | | |

**4. 我对监护人的嘱托**

## 1. 当我处于无判断能力状态时，请照护人员留意我的身体适应性

| | | | | |
|---|---|---|---|---|
| 我反感的视觉 | ☐ 强光 | ☐ 蓝色 | ☐ | ☐ |
| 我反感的听觉 | ☐ 噪音 | ☐ 音响 | ☐ | ☐ |
| 我反感的嗅觉 | ☐ 臭气 | ☐ 鱼腥气 | ☐ | ☐ |
| 我反感的味觉 | ☐ 牛羊膻味 | ☐ 苦味 | ☐ | ☐ |
| 我反感的触觉 | ☐ 冰冷 | ☐ 灼热 | ☐ | ☐ |

## 2. 当我处于无判断能力状态时，请照护人员留意我喜欢的口味

| | | | | |
|---|---|---|---|---|
| 我喜欢吃的肉类 | ☐ 猪里脊肉 | ☐ 酱牛肉 | ☐ | ☐ |
| 我喜欢吃的海味 | ☐ 三文鱼 | ☐ 海虾 | ☐ | ☐ |
| 我喜欢吃的菜品 | ☐ 广东菜心 | ☐ 紫菜汤 | ☐ | ☐ |
| 我喜欢吃的主食 | ☐ 大米饭 | ☐ 杂粮粥 | ☐ | ☐ |
| 我喜欢喝的饮品 | ☐ 绿茶 | ☐ 白开水 | ☐ | ☐ |
| 我最喜欢的口味 | ☐ 清淡 | ☐ 辛辣 | ☐ | ☐ |

## 3. 当我处于无判断能力状态时，请照护人员留意我日常生活的喜好

| | | | | |
|---|---|---|---|---|
| 必须随身携带的物品 | ☐ 手机 | ☐ 老花镜 | ☐ | ☐ |
| 必须随身携带的药物 | ☐ 救心丸 | ☐ 头痛药 | ☐ | ☐ |
| 在家喜欢穿着的服装 | ☐ 宽松服装 | ☐ 大裤衩 | ☐ | ☐ |
| 出门喜欢穿着的服装 | ☐ 西服 | ☐ 运动服 | ☐ | ☐ |
| 喜欢的环境 | ☐ 热闹 | ☐ 安静 | ☐ | ☐ |
| 喜欢的动物 | ☐ 猫 | ☐ 狗 | ☐ | ☐ |
| 讨厌的动物 | ☐ 猫 | ☐ 狗 | ☐ | ☐ |

## 4. 我对照护人员的嘱托

| |
|---|
| |
| |
| |
| |
| |

# 终末的预嘱

## 1. 我患绝症时余命的告知

| | |
|---|---|
| ☐ 我拒绝知道任何关于病情的信息 | ☐ 病情只真实地告诉我一个人 |
| ☐ 病情只告诉我和我的配偶 | ☐ 病情只告诉我和我的全体家人 |
| ☐ 病情只告诉我的监护人 | ☐ 我的病情可以对所有人公开 |
| ☐ 病情和余命只用口头告知我本人 | ☐ 病情和余命仅用书面告知我本人 |
| ☐ | ☐ |

## 2. 我的抢救极限和脑死处置意愿

| | |
|---|---|
| ☐ 无意识状态超过24小时，立即停止抢救 | ☐ 无意识状态超过48小时，立即停止抢救 |
| ☐ 无意识状态超过72小时，立即停止抢救 | ☐ 当进入无意识状态时，拒绝一切抢救 |
| ☐ 即使已经成为植物人，也要继续维持生命 | ☐ 进入脑死植物人状态时，希望实施尊严死 |
| ☐ 是否实施过度医疗由家人判断和决定 | ☐ 是否实施过度医疗由监护人共同判断和决定 |
| ☐ | ☐ |

## 3. 我的急救医疗和延命方式

| | |
|---|---|
| ☐ 允许使用人工心肺复苏术器械实施急救 | ☐ 拒绝使用人工心肺复苏术器械实施急救 |
| ☐ 允许使用人工呼吸机器械实施急救 | ☐ 拒绝使用人工呼吸机器械实施急救 |
| ☐ 允许使用鼻饲管及胃造瘘方式进食 | ☐ 拒绝使用鼻饲管及胃造瘘方式进食 |
| ☐ 允许气管切开等开创性手术急救 | ☐ 拒绝气管切开等开创性手术急救 |
| ☐ 允许按照医生建议使用自费的昂贵药物 | ☐ 拒绝按照医生建议使用自费的昂贵药物 |
| ☐ 实施救急和延命方式由家人判断决定 | ☐ 抢救和延命方式由监护人共同判断和决定 |
| ☐ | ☐ |

## 4. 我的临终关怀医疗

| | | |
|---|---|---|
| ☐ 希望居家接受临终关怀 | ☐ 希望住院接受临终关怀 | ☐ 去指定地点接受临终关怀 |
| ☐ 希望经常有家人陪伴 | ☐ 希望经常得到心理疗护 | ☐ 希望有止痛剂缓解疼痛 |
| ☐ 希望疏导死亡恐惧症 | ☐ 希望宗教有灵性关怀氛围 | ☐ 希望提高临终生活质量 |
| ☐ | ☐ | ☐ |

## 5. 我临终弥留时刻的愿望

| | | |
|---|---|---|
| □ 希望在家里临终和去世 | □ 希望在医院临终和去世 | □ 希望在指定地点临终和去世 |
| □ 希望有我的家人陪伴 | □ 希望有亲人抚摸着我的手 | □ 希望听见亲人的呼唤 |
| □ 希望听到我喜欢的音乐 | □ 希望听到宗教的诵经或录音 | □ 希望闻到我喜欢的味道 |
| □ | □ | □ |

## 6. 我的脏器提供和遗体捐献

| | |
|---|---|
| □希望捐献所有可用的脏器 | □希望捐献身体 |
| □希望捐献角膜 | □希望捐献肾脏 |
| □希望捐献心脏 | □希望捐献肝脏 |
| □拒绝捐献任何脏器 | □是否捐献授权家人决定 |
| □ | □ |

## 7. 授权我的预嘱执行人（行使人权利上位大于下位）

| | | |
|---|---|---|
| 第一位行使权人： | 关系： | 电话： |
| 第二位行使权人： | 关系： | 电话： |
| 第三位行使权人： | 关系： | 电话： |

### 关于生前预嘱，我特别想说的心里话

# 遗嘱的证言

以下内容是我向所有遗产继承权人的声明：我已经写好了遗嘱，特此告知

| 姓　名 | 性　别 | 年　龄 | 身份证件号 | 按指印 |
|---|---|---|---|---|
|  |  |  |  |  |

## 1. 我是否写有遗嘱

| □ 我有公证遗嘱 | □ 我有自书遗嘱 | □ 我有代书遗嘱 | □ 我有秘密遗嘱 |
|---|---|---|---|
| □ 我有录音遗嘱 | □ 我有录像遗嘱 | □ 我没有写遗嘱 | □ 我准备写遗嘱 |

## 2. 写遗嘱时的健康状况

| □ 身体状况良好 | □ 身体状况弱 | □ 身体状况差 | □ 已卧床不起 | □ 已病入膏肓 |
|---|---|---|---|---|
| □ 精神状况良好 | □ 确诊精神病 | □ 确诊痴呆症 | □ 判断能力良好 | □ 无判断能力 |

## 3. 遗嘱的见证人

| 遗嘱第一见证人： | 关系： | 电话： |
|---|---|---|
| 遗嘱第二见证人： | 关系： | 电话： |
| 遗嘱第三见证人： | 关系： | 电话： |

## 4. 委托遗嘱执行人

| 委托第一执行人： | 关系： | 电话： |
|---|---|---|
| 委托第二执行人： | 关系： | 电话： |
| 委托第三执行人： | 关系： | 电话： |

## 5. 遗嘱的订立和放置处

| 遗嘱的订立地点 | 国家：　　　省：　　　市县：　　　乡镇村街： | | |
|---|---|---|---|
| 遗嘱的订立时间 | 年　　月　　日　星期（　　）　　时　　分 | | |
| 第一次修改时间 | 年　　月　　日 | 第二次修改时间 | 年　　月　　日 |
| 第三次修改时间 | 年　　月　　日 | 第四次修改时间 | 年　　月　　日 |
| 遗嘱的保管位置 | | | |
| 委托保管责任者 | 保管人：　　　关系：　　　联系电话： | | |
| 遗嘱的公正机关 | 机关名：　　　　　联系电话： | | |

## 6. 写遗嘱的理由

决定写遗嘱的理由：

不想写遗嘱的理由：

托人写遗嘱的理由：

### 关于遗嘱，我特别想说的心里话

# 遗留物品处理

| 物品名称 | 处理方法 | 保管场所 | 备　注 |
|---|---|---|---|
| | □ 继承<br>□ 废弃<br>□ 家人判断 | | |
| | □ 继承<br>□ 废弃<br>□ 家人判断 | | |
| | □ 继承<br>□ 废弃<br>□ 家人判断 | | |
| | □ 继承<br>□ 废弃<br>□ 家人判断 | | |
| | □ 继承<br>□ 废弃<br>□ 家人判断 | | |
| | □ 继承<br>□ 废弃<br>□ 家人判断 | | |
| | □ 继承<br>□ 废弃<br>□ 家人判断 | | |
| | □ 继承<br>□ 废弃<br>□ 家人判断 | | |
| | □ 继承<br>□ 废弃<br>□ 家人判断 | | |
| | □ 继承<br>□ 废弃<br>□ 家人判断 | | |
| | □ 继承<br>□ 废弃<br>□ 家人判断 | | |

注：贵重遗留物品包括收藏品、图书、被服、首饰、装饰品、家具、车辆、生产工具、电器设备等，请在继承、废弃、家人判断中选择一项。

| 物品名称 | 处理方法 | 保管场所 | 备　注 |
|---|---|---|---|
| | ☐ 继承<br>☐ 废弃<br>☐ 家人判断 | | |
| | ☐ 继承<br>☐ 废弃<br>☐ 家人判断 | | |
| | ☐ 继承<br>☐ 废弃<br>☐ 家人判断 | | |
| | ☐ 继承<br>☐ 废弃<br>☐ 家人判断 | | |
| | ☐ 继承<br>☐ 废弃<br>☐ 家人判断 | | |
| | ☐ 继承<br>☐ 废弃<br>☐ 家人判断 | | |
| | ☐ 继承<br>☐ 废弃<br>☐ 家人判断 | | |
| | ☐ 继承<br>☐ 废弃<br>☐ 家人判断 | | |
| | ☐ 继承<br>☐ 废弃<br>☐ 家人判断 | | |
| | ☐ 继承<br>☐ 废弃<br>☐ 家人判断 | | |
| | ☐ 继承<br>☐ 废弃<br>☐ 家人判断 | | |

注：贵重遗留物品包括收藏品、图书、被服、首饰、装饰品、家具、车辆、生产工具、电器设备等，
请在继承、废弃、家人判断中选择一项。

# 存储载体处理

| 存储载体 | 处理方法 | 保管场所 | 备　注 |
|---|---|---|---|
| 台式电脑 | □ 继承<br>□ 废弃<br>□ 家人判断 | | |
| 笔记本电脑 | □ 继承<br>□ 废弃<br>□ 家人判断 | | |
| 平板电脑 | □ 继承<br>□ 废弃<br>□ 家人判断 | | |
| 手　机 | □ 继承<br>□ 废弃<br>□ 家人判断 | | |
| 音乐影像存储载体<br>（光盘、磁带、硬盘、<br>U 盘、SD卡等） | □ 继承<br>□ 废弃<br>□ 家人判断 | | |
| 数据存储载体<br>（光盘、磁带、硬盘、<br>U 盘、SD卡等） | □ 继承<br>□ 废弃<br>□ 家人判断 | | |
| 图书、文稿 | □ 继承<br>□ 废弃<br>□ 家人判断 | | |
| 云盘数据 | □ 继承<br>□ 废弃<br>□ 家人判断 | | |
| 银行 U 盾 | □ 继承<br>□ 废弃<br>□ 家人判断 | | |
| 照片、胶片 | □ 继承<br>□ 废弃<br>□ 家人判断 | | |
| 日　记 | □ 继承<br>□ 废弃<br>□ 家人判断 | | |

| 存储载体 | 处理方法 | 保管场所 | 备　注 |
|---|---|---|---|
| 往来信件 | □ 继承<br>□ 废弃<br>□ 家人判断 | | |
| 手　稿 | □ 继承<br>□ 废弃<br>□ 家人判断 | | |
| 证书、奖状、奖章 | □ 继承<br>□ 废弃<br>□ 家人判断 | | |
| 个人网站 | □ 继承<br>□ 废弃<br>□ 家人判断 | | |
| 个人博客 | □ 继承<br>□ 废弃<br>□ 家人判断 | | |
| 个人微博 | □ 继承<br>□ 废弃<br>□ 家人判断 | | |
| 个人 App | □ 继承<br>□ 废弃<br>□ 家人判断 | | |
| 个人微信公众号 | □ 继承<br>□ 废弃<br>□ 家人判断 | | |
| | □ 继承<br>□ 废弃<br>□ 家人判断 | | |
| | □ 继承<br>□ 废弃<br>□ 家人判断 | | |
| | □ 继承<br>□ 废弃<br>□ 家人判断 | | |

# 死亡解约手续

## 1. 自来水账户处理

| 用户编号 | | 用水类型 | ☐ 生活　　☐ |
|---|---|---|---|
| 用户名称 | | 自来水公司 | |
| 用户电话 | | 营业厅地址 | |
| 用户住址 | | 营业厅电话 | |
| 账户处理 | ☐ 账户更名　　☐ 账户注销　　☐ 原名留用　　☐ 家人决定 | | |

## 2. 燃气账户处理

| 用户编号 | | 用气类型 | ☐ 天然气　　☐ |
|---|---|---|---|
| 用户名称 | | 燃气公司 | |
| 用户电话 | | 营业厅地址 | |
| 用户住址 | | 营业厅电话 | |
| 账户处理 | ☐ 账户更名　　☐ 账户注销　　☐ 原名留用　　☐ 家人决定 | | |

## 3. 电气账户处理

| 用户编号 | | 用电类型 | ☐ 生活　　☐ |
|---|---|---|---|
| 用户名称 | | 电力公司 | |
| 用户电话 | | 营业厅地址 | |
| 用户住址 | | 营业厅电话 | |
| 账户处理 | ☐ 账户更名　　☐ 账户注销　　☐ 原名留用　　☐ 家人决定 | | |

## 4. 宽带账户处理

| 宽带账号 | | 宽带公司 | |
|---|---|---|---|
| 用户名称 | | 营业厅地址 | |
| 用户电话 | | 营业厅电话 | |
| 用户住址 | | 宽带密码 | |
| 账户处理 | ☐ 账户更名　　☐ 账户注销　　☐ 原名留用　　☐ 家人决定 | | |

## 5. 手机电话账户处理

| 实名登记 | | 营业厅地址 | |
|---|---|---|---|
| 手机号① | | 营运公司 | ☐移动 ☐电信 ☐联通 |
| 手机号② | | 营运公司 | ☐移动 ☐电信 ☐联通 |
| 用户住址 | | 营业厅电话 | |
| 账户处理 | ☐ 账户更名　　☐ 账户注销　　☐ 原名留用　　☐ 家人决定 | | |

## 6. 固定电话账户处理

| 实名登记 | | 营业厅地址 | |
|---|---|---|---|
| 座机号① | | 电话公司 | |
| 座机号② | | 电话公司 | |
| 用户住址 | | 营业厅电话 | |
| 账户处理 | □ 账户更名　　□ 账户注销　　□ 原名留用　　□ 家人决定 | | |

## 7. 有线电视账户处理

| 用户账号 | | 有线电视公司 | |
|---|---|---|---|
| 用户名称 | | 营业厅地址 | |
| 用户电话 | | 营业厅电话 | |
| 用户住址 | | 网络密码 | |
| 账户处理 | □ 账户更名　　□ 账户注销　　□ 原名留用　　□ 家人决定 | | |

## 8. 租房退租处理

| 租房人姓名 | | 房主姓名 | |
|---|---|---|---|
| 租房人电话 | | 房主电话 | |
| 房屋条件 | 室数：　　面积：　　㎡ | 租金协议 | □ 有　　□ 无 |
| 房屋地址 | 国家：　省：　　市县：　　乡镇村街： | | |
| 房屋退租 | □ 结清剩下租金　　□ 更名续租协商　　□ 个人物品废弃　　□ 家人决定 | | |

## 9. 死亡登记和户口注销

| ① 正常死亡的公民，单位（村、居委会）出具的死亡注销户口证明信 |
|---|
| ② 居民户口簿；③ 死亡人居民身份证 |
| ④《死亡医学证明》或者司法部门的死亡鉴定书、法院的《宣告死亡判决书》 |
| ⑤ 非正常死亡的公民，根据公民直系亲属的申报，提供公安部门出具的死亡证明 |
| ⑥ 到户籍地派出所申请→窗口受理→现场审查→即时办理→户籍注销→缴销居民身份证 |

## 10.

| |
|---|
| |
| |
| |
| |

# 宠物过继嘱托

| 项　目 | 宠　物① | 宠　物② | 宠　物③ |
|---|---|---|---|
| 宠物类别 | 鸟 鱼 虫 兽 其他 | 鸟 鱼 虫 兽 其他 | 鸟 鱼 虫 兽 其他 |
| 宠物名称 | | | |
| 宠物爱称 | | | |
| 宠物性别 | □雄性　□雌性 | □雄性　□雌性 | □雄性　□雌性 |
| 出生日期 | 年　月　日 | 年　月　日 | 年　月　日 |
| 血统证书 | □有　□无 | □有　□无 | □有　□无 |
| 登录序号 | | | |
| 饲养场所 | | | |
| 皮毛颜色 | | | |
| 身高体重 | 高：　cm　重：　kg | 高：　cm　重：　kg | 高：　cm　重：　kg |
| 日常的食物 | | | |
| 喜欢的食物 | | | |
| 嫌厌的食物 | | | |
| 主要疾病 | | | |
| 外科创伤 | | | |
| 避孕措施 | □有　□无 | □有　□无 | □有　□无 |
| 性格脾气 | □温和 □暴躁 □普通 | □温和 □暴躁 □普通 | □温和 □暴躁 □普通 |
| 动物医院 | | | |
| 医院电话 | | | |
| 预防接种 | □有　□无 | □有　□无 | □有　□无 |
| 宠物保险 | □有　□无 | □有　□无 | □有　□无 |
| 保险内容 | □责任险　□医疗险 | □责任险　□医疗险 | □责任险　□医疗险 |
| 身后托付 | □有　□无 | □有　□无 | □有　□无 |
| 宠物墓地 | □有　□无 | □有　□无 | □有　□无 |
| 过继赠费 | □有　□无 | □有　□无 | □有　□无 |

## 【 宠物过继受托方信息 】

过继宠物：　　　　　饲养者：　　　　　关系：　　　　　电话号码：

| | 后悔的事 | 告　白 | 感　想 |
|---|---|---|---|
| 人生 | 后悔自己生平选错了职业 | □有　□无 | |
| | 后悔不重钱财致一世清贫 | □有　□无 | |
| | 后悔放弃了我的兴趣爱好 | □有　□无 | |
| | 后悔待人处事太盲目自信 | □有　□无 | |
| | 后悔没有做自己想做的事 | □有　□无 | |
| | 后悔没有实现人生的梦想 | □有　□无 | |
| 婚姻 | 后悔自己选错了终身伴侣 | □有　□无 | |
| | 后悔自己遇到失败的婚姻 | □有　□无 | |
| | 后悔没有得到理想的性爱 | □有　□无 | |
| | 后悔没有珍惜自己的伴侣 | □有　□无 | |
| | 后悔自己一辈子没有结婚 | □有　□无 | |
| | 后悔没有对伴侣说声谢谢 | □有　□无 | |
| 子女 | 后悔自己没有生育过孩子 | □有　□无 | |
| | 后悔没教育好自己的子女 | □有　□无 | |
| | 后悔没有看到孩子的嫁娶 | □有　□无 | |
| | 后悔没有给子女留下财富 | □有　□无 | |
| 健康 | 后悔吃喝玩乐伤害了健康 | □有　□无 | |
| | 后悔为了赚钱累垮了身体 | □有　□无 | |
| | 后悔没有戒掉烟酒的嗜好 | □有　□无 | |
| | 后悔盲目选择了过度医疗 | □有　□无 | |
| | 后悔没有积极地锻炼身体 | □有　□无 | |
| 伦理 | 后悔一生中没有宗教信仰 | □有　□无 | |
| | 后悔无法平静地看待死亡 | □有　□无 | |
| | 后悔自己对双亲尽孝不够 | □有　□无 | |
| | 后悔做过对不起良心的事 | □有　□无 | |
| | 后悔以冷硬之心刻薄待人 | □有　□无 | |
| | 后悔没向对不起的人道歉 | □有　□无 | |
| | 后悔曾经对伴侣不够忠诚 | □有　□无 | |
| 憾事 | 后悔没安排好身后的财产 | □有　□无 | |
| | 后悔没有考虑自己的葬礼 | □有　□无 | |
| | 后悔没有辞职去周游世界 | □有　□无 | |
| | 后悔没有享受过山珍美味 | □有　□无 | |

# 给家人的寄语

| 收信人： | 关系： | 电话： | 地址： |
| --- | --- | --- | --- |

　　　　　　　　　　　　年　　月　　日　　写于

| 收信人： | 关系： | 电话： | 地址： |
| --- | --- | --- | --- |

　　　　　　　　　　　　年　　月　　日　　写于

| 收信人： | 关系： | 电话： | 地址： |
| --- | --- | --- | --- |

　　　　　　　　　　　　年　　月　　日　　写于

收信人：　　　　　　　关系：　　　　电话：　　　　　　地址：

　　　　　　　　　　　　　　　年　　月　　日　　写于

收信人：　　　　　　　关系：　　　　电话：　　　　　　地址：

　　　　　　　　　　　　　　　年　　月　　日　　写于

收信人：　　　　　　　关系：　　　　电话：　　　　　　地址：

　　　　　　　　　　　　　　　年　　月　　日　　写于

# 给友人的寄语

收信人：　　　　关系：　　　　电话：　　　　地址：

　　　　　　　　　　　　　　年　　月　　日　写于

收信人：　　　　关系：　　　　电话：　　　　地址：

　　　　　　　　　　　　　　年　　月　　日　写于

收信人：　　　　关系：　　　　电话：　　　　地址：

　　　　　　　　　　　　　　年　　月　　日　写于

| 收信人： | 关系： | 电话： | 地址： |
|---|---|---|---|

年　　月　　日　　写于

| 收信人： | 关系： | 电话： | 地址： |
|---|---|---|---|

年　　月　　日　　写于

| 收信人： | 关系： | 电话： | 地址： |
|---|---|---|---|

年　　月　　日　　写于

# 法定继承

　　法定继承是指在被继承人没有对其遗产的处理立有遗嘱的情况下，由法律直接规定继承人的范围、继承顺序、遗产分配原则的继承形式。法定继承又称作无遗嘱继承，是相对于遗嘱继承而言的，亦称非遗嘱继承。

　　法定继承是遗嘱继承以外，依照《继承法》的规定直接将遗产转移给继承人的一种遗产继承方式。在法定继承中，可以参加继承的继承人进入继承顺序。继承人可继承的遗产份额以及遗产的分配原则，都是由法律直接规定的。因此法定继承并不直接体现被继承人的意志，而是依据法律的规定将被继承人的遗产分割给近亲亲属继承。

## 《中华人民共和国继承法》中的法定继承顺序

……（前略）

第九条

继承权男女平等。

第十条

遗产按照下列顺序继承：

　　第一顺序：配偶、子女、父母。

　　第二顺序：兄弟姐妹、祖父母、外祖父母。

　　继承开始后，由第一顺序继承人继承，第二顺序继承人不继承。没有第一顺序继承人继承的，由第二顺序继承人继承。

　　本法所说的子女，包括婚生子女、非婚生子女、养子女和有抚养关系的继子女。

　　本法所说的父母，包括生父母、养父母和有抚养关系的继父母。

　　本法所说的兄弟姐妹，包括同父母的兄弟姐妹、同父异母或者同母异父的兄弟姐妹、养兄弟姐妹、有抚养关系的继兄弟姐妹。

第十一条

　　被继承人的子女先于被继承人死亡的，由被继承人的子女的晚辈直系血亲代位继承。代位继承人一般只能继承他的父亲或者母亲有权继承的遗产份额。

第十二条

　　丧偶儿媳对公、婆，丧偶女婿对岳父、岳母，尽了主要赡养义务的，作为第一顺序继承人。

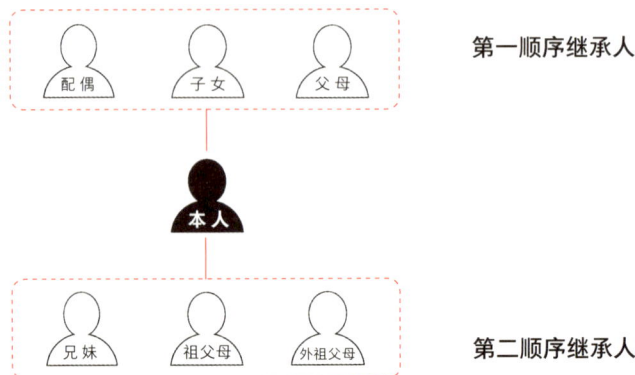

配偶　子女　父母　　　　第一顺序继承人

本人

兄妹　祖父母　外祖父母　　　第二顺序继承人

# 继承的权利

　　《继承法》第九条宣告了继承权男女平等的原则，这对于中国社会来说意义深远，但说到彻底改变人们的意识，却任重而道远。从我国目前的遗产继承现状来看，重男轻女等不平等现象仍在延续，旧的观念在广大农村依然盛行，即使有《继承法》的明文规定，但人们在现实中往往并不遵照执行。在传统习俗的压力下，许多已经嫁出去的女儿无法回家主张自己的继承权利。从这个意义上说，《继承法》充分体现了现代文明社会的优越性和重视人权的原则。老人们应该普及遗产继承的法律知识，认识到继承人的权利都是平等的，无论是儿子还是女儿，抑或是否已经结婚离开了家，遗产继承男女平等的原则都不会改变。

　　《继承法》的法定继承条款陈述了继承人的范围、继承顺序和遗产分配原则。但是，在现实中，遇到复杂的家庭关系，法定继承人的具体认定有时也会变得相对复杂，甚至需要咨询专业的法律人士寻求帮助。而当事人由于涉及自身利益，经常会在法庭上因争夺法定继承人的资格而发生争执。法定继承是强制性的法律约束，适用于：①被继承人生前未设立遗嘱继承或遗赠，也没有签订遗赠抚养协议。②全部无效或部分无效遗嘱所涉的遗产。③遗嘱未处理的部分遗产。④遗嘱继承人或受遗赠人放弃继承或不接受遗赠。⑤遗嘱继承人丧失继承权。⑥遗嘱继承人、受遗赠人先于遗嘱人死亡。

　　根据我国社会的发展变化，1985年的《继承法》规定将配偶、子女、父母并列于继承的第一顺序。在历史上，鉴于封建社会男尊女卑的传统文化，继承制度不重视配偶的利益，在男性家长去世后，往往将整个家庭的财产视为死者的遗产。子女们有时为了防止家族财产外流，完全剥夺了母亲的继承权，母亲往后的生活只能依靠儿女供养。但这种亲子之间的供养关系只受到道德约束，不存在强制的法律规定，配偶的继承权益和赡养权益处于被动地位。正是鉴于此种情况，新的《继承法》才做出了有利于保护配偶继承权的规定。

　　进入21世纪后，丧偶老人家庭内部因分割财产引发矛盾的问题并不突出，社会对此达成的普遍共识是当夫妻中有一人先去世后，留下的财产自然由配偶全面接管。然而随着人们对继承法意识的提高，丧偶老人手上若没有配偶安排遗产分割的遗嘱，就有可能面临其子女或配偶父母分割遗产的要求。现在，在世界各国工作、学习甚至移民海外的中国人越来越多，一旦遇到意外，其个人资产便立即转化为遗产，受到居留国继承法、遗产税法的制约。因此，对于一些旅居海外的老人来说，详细了解中国和其居留国法定继承原则的差异，及早决定是否要留下遗嘱是非常有必要的。

　　近年来，我们越来越多地看到关于独生子女无法以唯一继承人的身份顺利继承父母遗产的报道。目前，我国第一代独生子女已经奔向不惑之年，他们的父母也到了花甲古稀的年纪，独生子女财产继承的问题开始凸显出来。如果父母在去世前没有确立遗嘱，在办理遗产继承时银行和房产管理部门会要求独生子女出示唯一继承人的公证证明或法院判决书。这时，独生子女往往因为没有适当的证人来证明自己是唯一继承人而陷入尴尬的境地。此外，由于我国《继承法》规定遗产继承的第一顺序是配偶、子女、父母，如果独生子女的父母相继过世，而且没有立下遗嘱，独生子女及其祖父母都会是第一顺序的法定继承人，独生子女将不能继承父母的全部遗产。

# 遗产的法定分割

## 《继承法》法定继承的遗产分配比例规定

第十三条　同一顺序继承人继承遗产的份额，一般应当均等。对生活有特殊困难的缺乏劳动能力的继承人，分配遗产时，应当予以照顾。对被继承人尽了主要抚养义务或者与被继承人共同生活的继承人，分配遗产时，可以多分。有抚养能力和有抚养条件的继承人，不尽抚养义务的，分配遗产时，应当不分或者少分。继承人协商同意的，也可以不均等。

第十四条　对继承人以外的依靠被继承人抚养的缺乏劳动能力又没有生活来源的人，或者继承人以外的对被继承人抚养较多的人，可以分给他们适当的遗产。

第十五条　继承人应当本着互谅互让、和睦团结的精神，协商处理继承问题。遗产分割的时间、办法和份额，由继承人协商确定。协商不成的，可以由人民调解委员会调解或者向人民法院提起诉讼。

法定的继承份额是指在法律上规定的继承人可以继承遗产的比例。根据我国《继承法》，因继承人的不同关系组合，各人所得的法定继承份额也不相同。《继承法》在规定了法定遗产分配比例的基本原则外，也特别强调保障人权和弘扬道德精神。例如，《继承法》在主张分配比例原则时，使用了"应当均等""应当予以照顾""可以多分""应当不分或少分""可以不均等""可以分适当的遗产"等婉转的词句，这使得法官在案例判定上拥有一定的自由裁量权，可以兼顾"法理"和"情理"。又如，"同一顺序继承人继承遗产的份额一般应均等"，是指原则上同一顺序的法定继承人应该平均分配遗产。但该条款又强调这是在"一般"的情况下，即法律上没有出现"特殊情况"时。如果存在特殊情况或引发争议和不公平时，法定继承人的继承份额也可以不均等。

《继承法》对于可能出现的特殊情况也做了简单说明，它们主要是指：①对生活有特殊困难又缺乏劳动能力的继承人，在分配遗产时应给予照顾。继承人只有同时具备生活有特殊困难和缺乏劳动能力的情形时，才能在遗产分配时受到照顾，而且一旦具备了这两个条件就应当获得照顾。②对被继承人尽了主要抚养义务或者与被继承人共同生活的继承人在分配遗产时可以多分。③有抚养能力和抚养条件的继承人，不尽抚养义务的，分配遗产时，应该不分或少分。《继承法》对这些"特殊情况"的强调，体现了继承权利和应尽义务相一致的原则。

在法定继承中，除了享有合法继承权的人参与继承外，《继承法》第十四条还赋予一些符合一定条件但没有继承权的人取得一定遗产的权利。法律之所以赋予该权利，是因为他们和被继承人之间存在着特别抚养关系，可享有分得适当遗产的权利。例如：①依靠被继承人抚养的缺乏劳动能力又没有生活来源的人。②被继承人抚养的其他人。

配偶之间的财产继承是现实生活中最常见的继承。老夫妇总会有一位先行离世，按照《继承法》的法定继承原则，死者的配偶、子女、父母作为第一顺序继承权人，即开始发生财产继承。就死者配偶对家庭财产的分割与继承，《继承法》第二十六条规定："夫妻在婚姻关系存续期间所得的共同所有的财产，除有约定的以外，如果分割遗产，应当先将共同所有的财产的一半分出为配偶所有，其余的为被继承人的遗产。遗产在家庭共有财产之中的，遗产分割时，应当先分出他人的财产。"

常见情况的遗产法定分割比例如以下的圆形分割图所示：

①第一顺序的法定继承遗产分割比例，按人头数均分。配偶、两子女、祖父母五人各得五分之一。

**① 法定分割比例（第一顺序）**

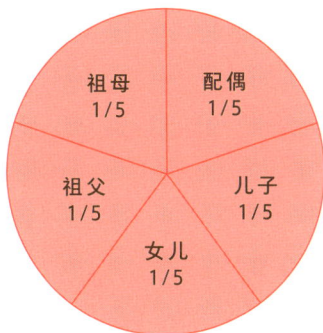

| 祖母 1/5 | 配偶 1/5 |
| 祖父 1/5 | 儿子 1/5 |
| 女儿 1/5 | |

配偶、子女、祖父母五人平均分割

**② 法定分割比例（第一顺序）**

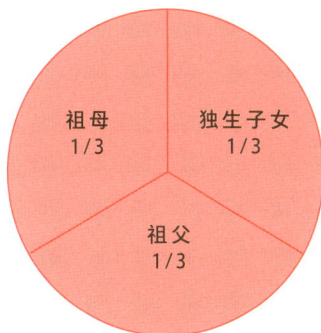

| 祖母 1/3 | 独生子女 1/3 |
| 祖父 1/3 | |

父母去世，独生子女与祖父母之间平均分割

**③ 法定分割比例（第二顺序）**

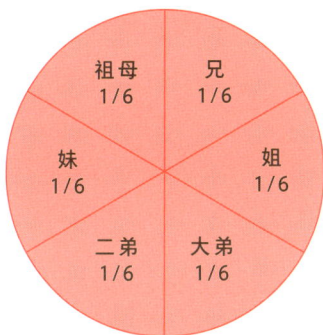

| 祖母 1/6 | 兄 1/6 |
| 妹 1/6 | 姐 1/6 |
| 二弟 1/6 | 大弟 1/6 |

第一顺序继承人全部去世，兄妹祖母六人均等分割

**④ 夫妻共有财产的分割比例**

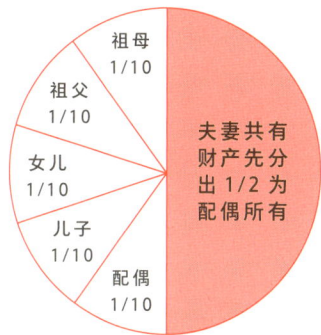

| 祖母 1/10 | |
| 祖父 1/10 | 夫妻共有财产先分出1/2为配偶所有 |
| 女儿 1/10 | |
| 儿子 1/10 | |
| 配偶 1/10 | |

夫妻共有财产分割后，其余部分再平均分割

②在父母去世后，独生子女和祖父母作为第一顺序继承人，三人各得 1/3。祖父母只有一人时，祖孙二人各得 1/2。祖父母已殁时，由独生子女单独继承。

③如不存在第一顺序继承人，第二顺序中的法定继承人的遗产分割比例按人头均分。图中六人各得 1/6。

④死者配偶分配家庭财产的权益受到《继承法》第二十六条的保护。夫妻的共同财产，先分割一半为配偶所有，其余的部分为被继承人的遗产。在图中，先分割出夫妻共同财产后，配偶、子女、祖父母五人再分割另一半遗产，每人平均各得另一半遗产的 1/10，配偶合计共分得 6/10 的遗产。

被继承人死亡后的遗产，继承人从他死亡开始进行财产分割继承。继承开始时间，是计算继承权最长诉讼时效的一个起点。我国《继承法》规定："继承权纠纷提起诉讼的期限为二年，自继承人知道或者应当知道其权利被侵犯之日起计算。但是，自继承开始之日起超过二十年的，不得再提起诉讼。"这也就是说有二十年的诉讼时效。例如某老人未立遗嘱，去世后对其留下的住宅，两个儿子均未声明放弃继承的权利。十二年后两人在如何分割这一住宅时发生争执，最终诉至法院。被继承人虽然死于十二年前，但是依据法律规定"自继承开始之日起超过二十年的，不得再提起诉讼"的原则，他们的诉讼仍然有效。《继承法》规定"继承开始后，继承人放弃继承的，应当在遗产处理前，做出放弃继承的表示。没有表示的，视为接受继承"。由于两人没有放弃继承权，尽管十二年间没有处分住宅遗产，法院仍然依据法律受理了诉讼并依法进行了审理。可见，掌握继承遗产开始的时间与对遗产着手分割的时间是很重要的。

# 遗嘱的类型

## 《继承法》规定的五种遗嘱形式

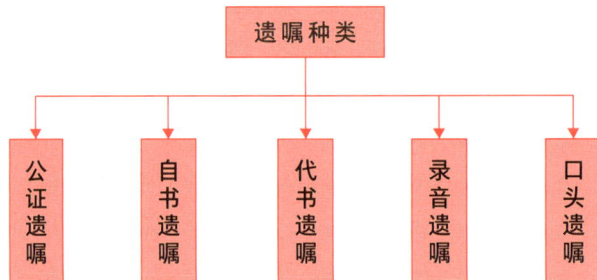

```
                    遗嘱种类
          ┌────┬────┬────┬────┐
        公证   自书   代书   录音   口头
        遗嘱   遗嘱   遗嘱   遗嘱   遗嘱
```

### 1. 公证遗嘱

公证遗嘱由立遗嘱人在公证机关办理。办理遗嘱公证需要立遗嘱人亲自到其户籍所在地的公证机关申请办理，不能委托他人代理。立遗嘱人在因病或其他特殊原因不能亲自到公证机关办理遗嘱公证时，可要求公证机关派公证员前往遗嘱人所在地办理。需要注意的是，立遗嘱人如果要变更或撤销原公证遗嘱，必须经原公证机关办理方可生效。

### 2. 自书遗嘱

自书遗嘱必须由立遗嘱人亲笔书写全文，并在文后签名，注明制作的年、月、日。自书遗嘱不需要见证人在场见证即具有法律效力。

### 3. 代书遗嘱

代书遗嘱是指因立遗嘱人无能力书写而委托他人代为书写的遗嘱。《继承法》第十七条第三项规定："代书遗嘱应当有两个以上见证人在场见证，由其中一人代书，注明年、月、日，并由代书人、其他见证人和遗嘱人签名。"

### 4. 录音遗嘱

录音遗嘱是指立遗嘱人用录音的形式制作的自己口述的遗嘱。为避免录音遗嘱被人篡改或录制假遗嘱，《继承法》第十七条第四项明确规定："以录音形式设立的遗嘱，应当有两个以上的见证人在场见证。"见证的方式可以采取书面证明或录音的形式。录音遗嘱在制作完毕后，应当场封存，并由见证人签名，注明年、月、日。

### 5. 口头遗嘱

《继承法》第十七条第五项规定："遗嘱人在危急情况下，可以立口头遗嘱。口头遗嘱应当有两个以上见证人在场见证。危急情况解除后，遗嘱人能够用书面或者录音形式立遗嘱的，所立的口头遗嘱即无效。"由于口头遗嘱有易于被篡改和伪造以及在遗嘱人死后无法查证的缺点，所以《继承法》对口头遗嘱做了上述限制性规定。

不同形式的遗嘱效力不同，如果立遗嘱人先后立有几份遗嘱，这些遗嘱就容易出现内容上的抵触。在这种情况下，遗嘱中如有公证遗嘱，以最后所立的公证遗嘱为准；没有公证遗嘱的，以最后日期所立的遗嘱为准。

# 自书遗嘱

　　"遗嘱"也称"遗言"，越来越多的老人开始关注这个涉及个人切身利益的法律保护伞。遗嘱承载着诸多的正能量，可以帮助自己实现最后的意愿，体现了社会文明的进步。然而写遗嘱对中国人来说仍然是一件有挑战性的事，一些老人认为写遗嘱会涉及"死"的话题，迈进了晦气和不吉利的禁区，因此抵触写遗嘱的大有人在。在中国传统文化中有"五福临门"之说，是指"长寿""富贵""康宁""修好德""考终命"，其中"考终命"就是善终。祖先告诉后代，善终是一种福气，可见自古以来中国人就有正视死亡、思考善终的文化传统。现代人应该摒弃对死亡的忌讳，坦然地追求善终的目标，遗嘱就能帮助老人实现这个目标。

　　有人说写遗嘱是一种心理治疗，也有人说写遗嘱是一种生命教育，还有人说写遗嘱有益于社会的和谐。从生死哲学的角度审视，写遗嘱让人站在阴阳两界的高度去思考生命的价值，化解心中淤积的阴影。从生命基因传承的角度审视，写遗嘱背负着血缘关系附加的一种责任和担当。从社会责任感的角度审视，写遗嘱对社会安定、家庭平和、个人善终都产生正能量的作用。

　　写遗嘱时的心境很重要，老人必须头脑清醒、平和冷静，怀有公平宽容的心态。在撰写过程中，不能粗心大意、不守规则，否则拟好的文书可能会被《继承法》判定为无效遗嘱。

## 订立自书遗嘱的注意事项

### 一、自书遗嘱的效力

　　自书遗嘱只要符合《继承法》规定的自书遗嘱书写格式，书写人是完全民事行为能力人，所处分的是自己的财产，即使不经公证，也同样具有法律效力。要注意的是，经公证的遗嘱在法律效力上要大过其他类型的遗嘱。

### 二、继承人的认定

　　《继承法》在原则上规定了法定遗产继承的顺序，其中第一顺序为配偶、子女、父母，第二顺序为兄弟姐妹、祖父母、外祖父母。但是，立遗嘱人可以根据自己内心的意愿来改变继承人的顺序。倘若法定继承顺序与个人意愿相违，立遗嘱人可以抛开法律规定，以遗嘱的形式根据自己的主观意志来确定心目中的继承人及继承比例。如果家庭成员关系复杂，立遗嘱人在必要时可以向法律专家请求协助。

### 三、遗产的分割比例

　　老人在写遗嘱前首先要搞清楚《继承法》规定的法定继承分割比例是否与自己的愿望相一致，如果与自己的意思存在差异，可以通过遗嘱另行指定遗产继承的分割比例。老人有权利依照自己的主观意志指定分割比例，但也须防止头脑发热和意气用事。作为家长，老人应从维护家人亲情关系的立场出发，公平、公正地确定遗产分割比例。《继承法》第十三条、第十四条、第十五条、第二十六条中遗产分割的原则，以及其他特别说明的条款，可以作为参考。

### 四、第三者赠与

　　无论在国内还是在国外，立遗嘱人都可以利用遗嘱回避法定继承，将财产赠与无血缘关系的第三者。例如，子女品行恶劣，对父母不孝不养甚至使用家庭暴力，老人在心灰意冷的情况下可以选择将财产赠与辛勤照料自己的、无血缘关系的第三者。中国法庭在依据《继承法》对这类诉讼进行裁决时比较注重事实、法理、公德、人情等基本原则，支持老人对第三者的赠与。

### 五、关于写遗嘱的基本知识

遗嘱是重要的法律文书，须语法通顺、语言精练、不违反现行的法律法规，如此才能对遗属产生约束力和强制力。在现实生活中，因遗嘱不具效力而无法执行的案例并不少见。无效的遗嘱不仅不能向遗属明确指示死者生前的意愿，而且极易招致遗产纠纷。所以，老人在写遗嘱前，有必要了解与遗产法相关的一些基本概念。

#### 1. 遗产的分割

个人的遗产可以通过遗嘱来指定归属，将财产分割归属某人。例如将不动产分割给妻子，存款分割给子女，其余部分赠与第三者或捐赠给慈善团体等。

#### 2. 变更继承份额

立过遗嘱的人可以在个人意愿发生变化时重写遗嘱，改变之前拟定的继承份额。例如，旧的遗嘱注明遗产由配偶、子女、父母平均继承，但新遗嘱可以推翻旧遗嘱中的决定，要求将全部遗产赠与配偶。

#### 3. 指定遗嘱执行人

为了使遗嘱得到确实的执行，立遗嘱人可以指定律师、友人、配偶或成年子女担任遗嘱执行人。如果没有提前指定遗嘱执行人，遗属在执行遗嘱时会被要求提交诸多证明文件以及其他继承人的同意书。

#### 4. 指定保险受益人

遗嘱具备变更保险签约人最初指定的保险金受益人的法律效力。例如，立遗嘱人某项保险最初的受益人可能是妻子，但通过遗嘱可以变更为长子或其他人为受益人。

#### 5. 指定管理人和主持人

遗嘱可以指定祖先家族墓地、佛堂、祠堂的承续管理人及纳骨仪式的主持人。

#### 6. 婚外子女的认定

遗嘱可以公开和认定婚姻关系以外的亲子关系。一旦婚外子女的 DNA 和被继承人 DNA 匹配，证明血缘关系的存在，婚外子女将有权成为财产继承人。

#### 7. 行为不善者的排除

立遗嘱人可以在遗嘱中将品行恶劣、败坏门风、使用暴力的家人排除出继承人的名单，并且根据其改过自新的情况，决定是否重新将其接受为继承人。

#### 8. 未成年监护人的指定

立遗嘱人如果担心自己死后，留下不能自理的未成年子女无人照顾，可以在遗嘱中指定监护人帮助照顾生活和管理财产。

#### 9. 遗赠委托人

遗嘱可以指定将遗产赠与受托照顾自己生前的爱猫、爱犬等宠物的委托人。

#### 10. 其他

立遗嘱人还可以将符合自己心愿的葬礼形式、骨灰处理方法等写入遗嘱，要求遗属遵照执行。

## 六、遗嘱的书写格式

写遗嘱的目的是为了订立一个有法律效力并且可以执行的文书，实现立遗嘱人的愿望，所以必须按照以下的规范要求去做。

1．确认遗嘱中的要件

①谁是法定继承人？希望谁是继承人？

②心中是否已经决定好遗产分割的比例？

③继承人和赠与人的姓名、出生日期等信息，是否与法定登记、注册原件上的姓名完全一致？

2．撰写遗嘱必要的用具

①遗嘱用纸

自书遗嘱的用纸没有严格规定，原则上什么纸都可以，如信笺、稿纸、报告用纸等。在没有纸笔的情况下，用笔墨或血迹写在布料、树皮上的遗嘱也是具有效力的。不过，遗嘱无论采用什么纸张，都应以适合长期保管为宜。

②书写用具

选择字迹可以长期保持，不会出现消失、模糊、变色等问题的碳素笔、钢笔、圆珠笔为佳。不要使用字迹可以擦去的铅笔、圆珠笔等，以防遗嘱被人篡改。印泥是盖印章、按手印的必备用具，应选择容易上章、易上纸、不渗色、不易褪色的产品。

3．自书遗嘱订立原则

①全文必须亲自书写

自书遗嘱的题目、正文、日期、署名等全部文字必须由立遗嘱人亲自书写。录音、视频、电脑输入文字、家庭成员代笔等全部无效。

②落款日期的重要性

遗嘱的落款日期必须清楚准确，如"2018 年 12 月 20 日"或"二〇一八年十二月二十日"。在发现存在多份遗嘱的情况下，执行人会将最后一份遗嘱视为具有法律效力的版本。

③亲自署名的要点

立遗嘱人在署名时必须以户口簿和身份证上记载的姓名为准，如能在签名时另行注明本人的出生日期、住址以及身份证号码，就更能确实证明该文件是由本人订立的遗嘱。这样做可以避免因重名而引发不必要的麻烦。

④盖印提升法律效力

自书遗嘱经签名、按手印，即标志着该遗嘱成立。中国法律规定，签字、盖章、盖手印这三种方式具有同等效力。《合同法司法解释（二）》第五条规定"当事人采用合同书形式订立合同的，应当签字或者盖章。当事人在合同书上摁手印的，人民法院应当认定其具有与签字或者盖章同等的法律效力"。对于遗嘱这样重要的文件，署名再加手印会有更加郑重稳妥的效果。具体使用哪个手指，在法律上没有明确规定，一般任一指纹都具有法律效力，通常惯用的是右手食指或拇指。

4．错误的订正

文书中出现错误，修改订正是很常见的事情。老人在撰写遗嘱时很难做到一气呵成、没有失误，但是遗嘱这样的重要文书又不能像一般文章那样随便圈圈画画地涂改，必须按照规定的标准修订，否则就无法产生法律效力。老人如果要在自书遗嘱上做出修改或增删，应当在写错的文字上划双重注销线，并在空白处注明增删的内容。完成后，在修改或增删处另行签名或按印。如果一份自书遗嘱有多处文字需要修改，最好废弃现有的遗嘱重新再写一份，尽可能完成一部订正最少的遗嘱。自书遗嘱的删除及增添的修订方法，参照下页自书遗嘱的示范。

5. 遗嘱的装订

　　①页码的标记

　　在遗嘱每页用纸的右上角，标注当前页码和总页数的序号，例如 1/2 页、2/2 页。

　　②骑缝章的使用

　　为了防止伪造遗嘱，最好将遗嘱所有页码错位展开，并在上面盖上骑缝章（骑缝手印）。

　　③多页码遗嘱的装订

　　多页码遗嘱不宜呈散页状态，老人须将纸张叠放整齐后，将其一端用糨糊粘牢或用订书钉装订在一起。

6. 遗嘱的封存

　　遗嘱的封存方法在法律上并无明确规定，但是，遗嘱也是不能任由他人随意翻看的。大多数伪造遗嘱的原因，都是继承人事先看到了遗嘱内容引起不满。为了防止出现此类事件，老人可将遗嘱装入信封并封存。在操作中，注意以下事项：

　　①遗嘱信封的材质应该厚实遮光，以免文字透出、泄漏遗嘱内容。

　　②在封存遗嘱之前，老人最好复印一份用于备忘，但是需妥善保管备份件，以免被他人看到。

　　③在遗嘱信封正面，简洁明了地标注"遗嘱"字样。

　　④在遗嘱信封的背面写上"不可随意开封"的字样，提示遗属等不得违反。

　　⑤在遗嘱信封的背面标明完成遗嘱的日期。

　　⑥在遗嘱信封的背面，立遗嘱人应亲笔署名，并在署名旁盖印或按指印。

　　⑦粘合遗嘱信封的封口，并在封口处盖上骑缝章或按指印。至此，封印过程即告完成。

7. 遗嘱的保管

　　遗嘱完成之后需慎重保管，防止出现不必要的意外和损失。遗嘱保管的注意事项如下：

　　①书信的体积较小，时间长了容易忘却或遗失，所以应该放在即安全又容易被遗属发现的地方。

　　②遗嘱可以和银行开户单据、保险合同、不动产权利证书等不常用的重要资料放在一起，方便遗属日后办理继承手续时找到。具体存放位置可以是家用保险箱或自己、配偶及遗嘱执行人都知道的隐秘处。

　　③租借银行保险箱保管遗嘱，是最安全的做法之一，不必担心遗失的问题。唯一的缺点是遗属如果要从银行保险箱里取出遗嘱时，必须向银行出示由所有继承人签字的同意书，手续麻烦，耗时较长。

　　④如果找不到适当的保管场所，可以将遗嘱委托给律师或最信赖的家人、友人保管，这也是比较常见的做法。在这种情况下，老人应事先将遗嘱的存在告知配偶或遗嘱执行人。

# 公证遗嘱

　　中国法律明文规定自书遗嘱具有与公证遗嘱同等的法律效力，然而现在许多政府部门在办理财产继承等重大事项的手续时，一般要求提交由公证机关公证的遗嘱，只有在继承人提交法院判决文书等少数情况下才会例外。公证机关是政府认定的专业部门，可以有效地保证遗嘱行文、措辞的规范性，从而避免不必要的纠纷。自书遗嘱的有效性受到法律保护，但是对于大多数人来说，办理公证遗嘱毕竟比最后闹上法庭更省事、更经济。因此，现在很多人选择办理公证遗嘱。那么，公证遗嘱都有哪些特点呢？

## 一、公证遗嘱的优点

　　1. 公证遗嘱由专业的公证人监督制作，可以确保格式正确及有效性。

　　2. 遗嘱原件可以交由公证处保管。目前有些国家的公证机关会将遗嘱原件制成电子版文件，并同时保管纸质、电子两种版本的遗嘱。

　　3. 执行遗嘱时，无须再经过民事法庭的检查和认定，可以直接进入继承程序、办理继承手续。

　　4. 遗属无须担心遗嘱有伪造的可能，因此把出现纠纷的可能性降至最低。

## 二、公证遗嘱的缺点

　　1. 制作公证遗嘱需要缴纳公证手续费。外国的公证人手续费一般根据继承财产的额度，按照每个继承人头加算。我国公证财产继承、赠与和遗赠，按受益额的 2% 收取，最低收取 200 元。

　　2. 公证人作为证人，会事先知道遗嘱的内容。公证人即使得知遗嘱内容，但在法律上负有严守秘密的义务。

## 三、公证遗嘱的适用范围

　　1. 希望死后遗嘱能够得到确实执行的人。

　　2. 拥有不动产及其他巨额财产的人。

　　3. 因患病等原因无法撰写自书遗嘱的人。

　　4. 希望向第三者遗赠财产的人。

　　5. 希望向婚外子女遗赠财产的人。

　　6. 希望剥夺某个法定继承人继承遗产权利的人。

　　7. 希望排斥其他第一顺序继承人、指定独生子女为唯一继承人的人。

## 四、公证遗嘱的制作流程

　　1. 立遗嘱人本人到公证处，与公证人商谈公证遗嘱及具体内容。家庭成员也可以代理商谈，无须委托书。

　　2. 向公证人出示户口本、身份证等必要的身份证明原件，公证人将原件复印留底以便必要时查证。

　　3. 制作遗嘱。立遗嘱人可以通过传真、电子邮件、邮送、会面等方式，与公证人对遗嘱行文及具体事项进行修改和确认，最终完成符合规范的、立遗嘱人满意且可以正式公证的遗嘱文件。

　　4. 双方约定公证日期，立遗嘱人前往公证处，在公证人和证人在场见证的情况下展示确认订立的遗嘱，再由双方署名、按手印。立遗嘱人可以请求律师、行政代书人做遗嘱证人，如果找不到合适的证人，公证处也可以向其推荐证人。

# 遗嘱对继承的制约

## 【案例1】将遗产赠与照顾自己的人

　　某男，76岁，妻子病故，现和长子住在一起，由长子和长媳照顾。老人的次子是工薪阶层，已成家立业。老人希望把现住的房产留给照顾自己的长子，再将银行存款平分给两个儿子。老人本来觉得两个儿子素来关系很好，而且次子购房时自己也支援过首付，似乎没有必要写份遗嘱。可是，由于近来听说了许多亲兄弟因遗产纠纷变成仇人的案例，老人决定还是找位律师咨询一下。律师给了老人中肯的建议，按照法定继承的原则，每个子女有平等继承的权利。如果确实希望把房产留给长子，老人就需要通过写遗嘱的方式，将自己的愿望清楚地写明，这样才能规避法定继承的原则。在这个案例中，长子和父亲同居，辛苦照护老人的晚年生活，但这在法律上并非可以得到更多遗产的理由。不管长子照顾父亲怎样辛苦，只要老人没有留下遗嘱，司法机关还是会按照法定继承的原则公平分割遗产。老人如果念及长子的特殊贡献希望赠予更多份额，就必须留下遗嘱说明不平等分割的理由，让其他继承人明白老人这样做的理由。当然，每位老人在处置财产分割时都应该充分考虑继承人的感受，过于偏袒其中一方，难免事与愿违。像这个案例中的情况，老人可以指定由长子继承房产，另将银行存款的1/3分给长子，2/3分给次子，似乎更加符合情理。

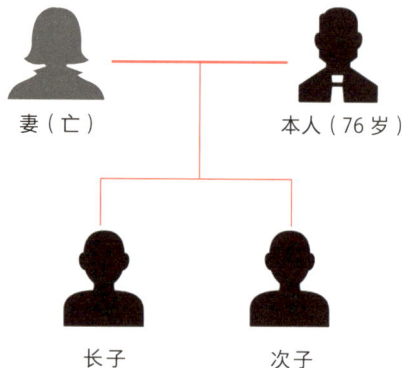

## 【案例2】希望将遗产全部赠与妻子

　　一对夫妻恩爱多年，唯一的遗憾是结婚17年来没有孩子。46岁的丈夫为人豪爽，经常和朋友一起喝酒，最近在体检中查出肝硬化。妻子担心丈夫的健康状况，表示一旦失去老公自己的生活便难以为继。丈夫为了安慰妻子，便说"就算我有个三长两短，咱家的全部财产都给你继承"。次日，夫妻二人来到律师事务所咨询。律师在了解了他们各自的家庭状况后，说："先生的想法太过单纯，事情并不像你想象的这么简单。如果你有个三长两短，妻子并不一定能获得你的全部财产。根据你的家庭情况，你父母亲还都健在，他们都会是你的财产继承人。根据我国的《继承法》，第一顺序继承人包括配偶、子女、父母，而且财产是平均分割的。为了让妻子得到全部财产，事先留下遗嘱才是最有效的解决方案。同理，假设妻子先有个三长两短，丈夫在继承妻子的财产时也会有类似的问题。也就是说，夫妻双方的财产都有被他人继承的可能。因此，要想确保婚姻中另一方的单独继承权，夫妻两人最好都留下遗嘱。在更极端的情况下，夫妻两人如果同时出了意外，而你们又希望将遗产赠与特定的继承人的话，就更应该预先写好遗嘱才行。"

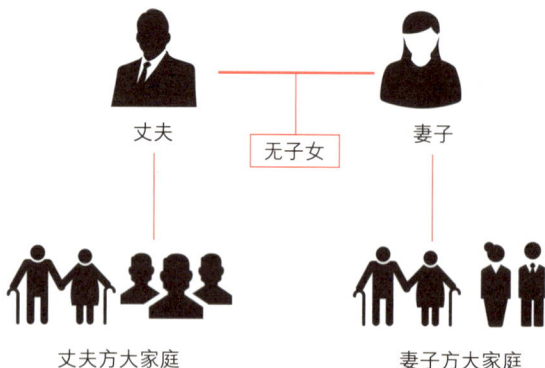

丈夫　　无子女　　妻子

丈夫方大家庭　　妻子方大家庭

小知识

妻（亡）　　本人（76岁）

长子　　次子

## 【案例 3】防止子女争夺遗产

某男，72 岁，公司董事长，年轻时与前妻结婚且育有长子，离婚不久之后与他人再婚，并生育次子、三子。6 年前，老人因后妻病逝过度悲痛入院，自此常为身后事担忧。原来，在老人病重期间，长子听到消息前来探望，但次子和三子认为这个异母哥哥是为争夺遗产而来。长子从未照顾过父亲，两个弟弟显然不愿与其平分遗产。老人的想

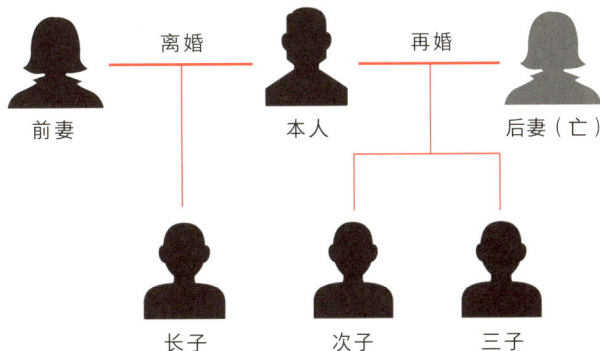

法却是异母兄弟之间虽然一向没有往来，但毕竟都是自己的亲骨肉，希望他们将来能够和谐相处。老人最终决定找律师商量。律师理解老人的想法，并告诉他："您说的没错，虽说是骨肉之情，可是人的情感是复杂的，将来遗产分割时难免不会遇到麻烦。因此，只有您本人预先写好遗嘱，财产分割才能按照您的意愿顺利实施，避免因纠纷而伤及亲情。根据您的情况，您在写遗嘱时应分别考虑两任妻子及各自子女的利益。鉴于您在离婚时已经与前妻分割过初婚累积的财产，而且您承担了将长子抚养成人的责任，我给您的建议是，您最好将个人财产分成两个阶段考虑。处置初婚与前妻共同生活时的财产时（即离婚时您所分得的财产），可以多考虑与前妻所生长子的继承利益。至于再婚后累积的财产，则应多考虑第二任妻子的子女的继承利益。"近年来，由于离婚率、再婚率持续增高，家庭结构也随之产生变化，成员构成和继承关系日趋复杂。就像本案例，老人如果不能很好地处理两任妻子所生子女的继承利益，不但三兄弟和谐相处的心愿无法达成，更会因觉得对不起心爱的妻子而留下遗憾。

## 【案例 4】将遗产赠与无血缘关系的他人或团体

某女，52 岁，一流企业白领，职场中虽然颇有成就，但多年来始终独身一人。她在业余生活中爱好广泛，而且热心于慈善事业，经常到临终关怀医院做志愿者。可毕竟岁月不饶人，在闲暇之时她也会想到自己一无子女、二无父母，大概也不会再有婚姻，将来该如何处理多年来的积蓄呢？之后她和朋友介绍的律师有了如下谈话。某女问："听说像我这样的独身者的遗产将会上缴国家，这是真的吗？"律师答道："如果实在没有继承人，这类财产确实会上缴国库。"某女接着说："我的父母、兄弟姐妹都不在了，可是我还有 3 个侄甥。"律师说："他们都可以作为你的继承人。"某女："三个人中，我与外甥女比较亲近。我想把遗产赠与她，

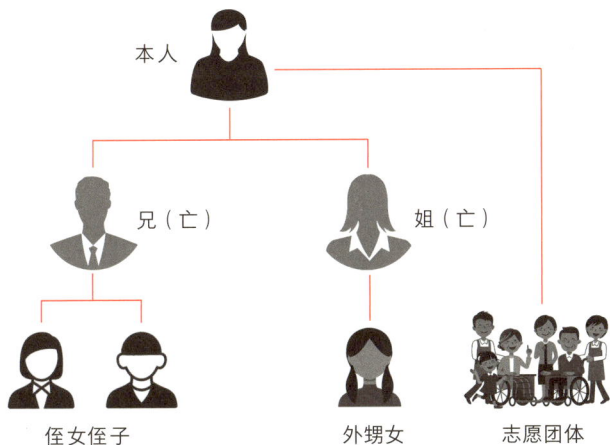

将来我万一遇到什么意外，也希望她能对我有些帮助。您觉得如何？"律师说："如果你有这样的意愿，就需要提前写好遗嘱，否则其他继承人就会主张自己的权利。"某女又问："另外，我经常参加志愿团体活动，我是否可以将部分财产捐赠给志愿团体？"律师说："当然可以，不过根据不同的财产内容，有些捐赠会被拒绝受理。你最好事先与对方确认清楚为好。"

# 自书遗嘱范例

遗嘱字亲笔

登记的不动产房产

金融证券资产

## 遗 嘱

立遗嘱人张某海，立遗嘱如下：

1. 立遗嘱人拥有的以下财产，由立遗嘱人的长子张大某

（1960 年 7 月 XX 日出生）继承。

（1）土地位置：青海省大月市朝阳区 XX 路 XX 号

类别：宅地　　土地面积：195 平方米

（2）居住建筑物位置：青海省大月市朝阳区 XX 路 XX 号

种类：住宅　　构造：二层钢筋砖瓦结构

建造面积：一层 80 平方米；二层 60 平方米

2. 立遗嘱人拥有的以下存款及包括债券在内的所有金融资产，

委托本遗书的执行人，可以根据情况兑换现金，由前述的长

子张大某继承三分之一，次子张小某（1963 年 12 月 X 日出生）

继承三分之二。

（1）中国工商银行青海红旗支行

账户名张某海，卡号 XXXXXXXXX

（2）立遗嘱人名下的股票

XXX 证券交易公司 全部股票 25000 股

| 证件种类： | 证件号： |
|---|---|
| 住　　址： | |
| 立遗嘱人： | 指印 |
| 日　　期：　　年　　月　　日 | |

证件、住址、立遗嘱人、按指印、订立日

注：自书遗嘱全文必须本人亲笔书写。

3. 除遗嘱中第一、二条记载以外的所有财产由长子张大某继承。

4. 立遗嘱人指定长子张大某有义务和责任传承祖先的祭祀。

5. 立遗嘱人指定长子张大某作为本遗嘱的执行人。

**指定执行人**

6. 附言事项

**记入重要事项**

　　长期以来由于一直和长子张大某生活在一起并受到细致照顾，因此将住宅留给长子。这样分配看似有些不公平，但是次子张小某在购买房产时，我也曾经支援过购房资金，而且还将上述储蓄以三分之二的比例多额赠与。~~我希望你们兄弟~~二人相亲相爱互相帮助，永远保持良好关系。

我真诚希望你们兄弟

**文句修改方法**

以上

**多页骑缝印**

**订书钉**

| | | |
|---|---|---|
| 证件种类： | 居民身份证 | 证件号：XXXXXXXXXXXXXXXXX |
| 住　　址： | 青海省大月市朝阳区 XX 路 XX 号 | |
| 立遗嘱人： | 张某海 | 指印 |
| 日　　期： | 20XX 年 XX 月 XX 日 | |

注：自书遗嘱全文必须本人亲笔书写。

# 遗嘱的封装

**【信封正面】**

**【信封背面】**

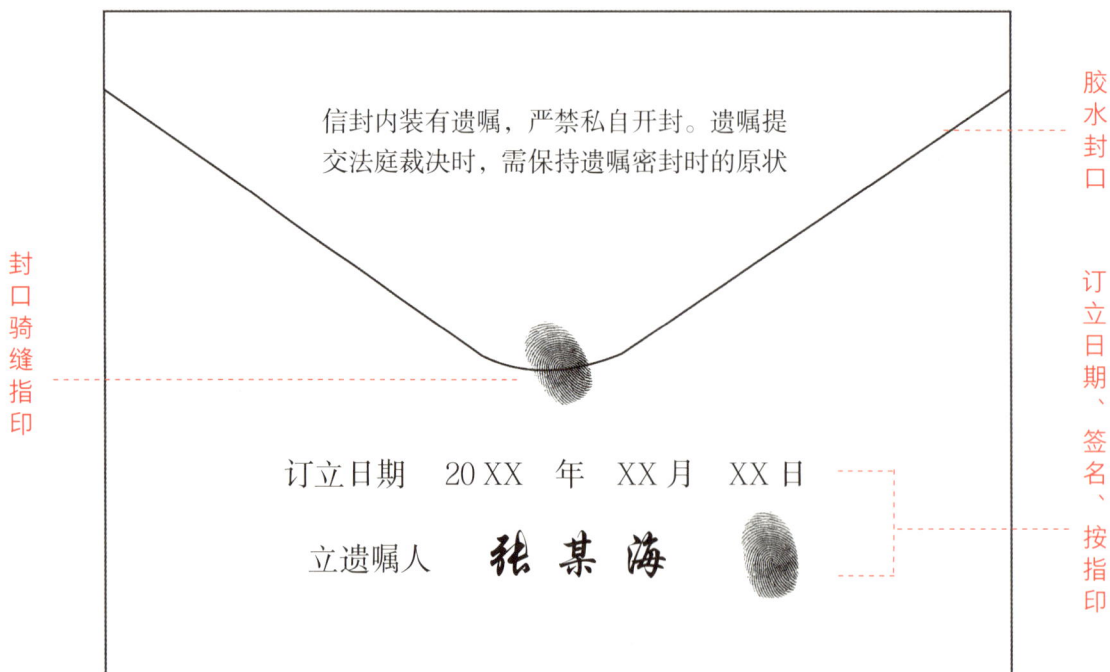

胶水封口

订立日期、签名、按指印

封口骑缝指印

信封内装有遗嘱，严禁私自开封。遗嘱提交法庭裁决时，需保持遗嘱密封时的原状

订立日期　20 XX　年　XX 月　XX 日

立遗嘱人　张某海

# 尊严死宣言书例 ①

　　我已确知我所患的疾病是现代医学无法治愈的不治之症。虽然现在还没有支持尊严死的法律，或会给执行人增添与法律抵触的风险，但是面对疾病带来的巨大痛苦和恐惧，我仍然坚定地表达尊严死的决心。当死期即将到来时，我向我的家人、亲属以及为我诊疗的医务工作者们做出如下宣言：

　　1.假如我所患的疾病被证实是不治之症，并且死期很快就要到来，我拒绝为了延续生命而实施过度的医疗救治。

　　2.唯一的例外是在我死去前，如果为了缓和我的痛苦，可以尽量采取减轻肉体痛苦的处置方法，例如，使用有副作用的麻醉镇痛药物，即使它们会加速死亡也无关紧要。

　　3.一旦我进入植物人状态，即使根据医生的评估我还能延续数月乃至数年的生命，请务必不要为我使用任何以延续生命为目的的器械装置。

　　4.我愿意在死后捐献脏器和尸体，如果为了脏器成功移植需要配对，希望延长我的生存时间，请将这段时间尽可能缩短。

　　这份尊严死宣言书是我在精神正常、神志清醒的状态下经过深思熟虑之后写下的。只要我不声明撤销这份宣言书，其中的内容将持续有效。

　　我在书写这份宣言书时已经得到家人的一致理解。尊严死宣言书一式两份。一份由我本人持有，一份由以下签名者保存。尊严死宣言书在必要时请向医师及相关人员展示。

　　　　配偶姓名：　　　　　　　　出生：　　　年　　月　　日　　　指印

　　　　儿子姓名：　　　　　　　　出生：　　　年　　月　　日　　　指印

　　　　女儿姓名：　　　　　　　　出生：　　　年　　月　　日　　　指印

　　我谨向所有忠实执行我的尊严死宣言书的人表示深深的感谢。我要在此强调说明，实施我的尊严死预嘱的上述受托人接受了我的全权委托，其行为的一切责任由我本人承担。请警察、检察官以及任何质疑的人，尊重我的家人和医师为了我的意愿所做的善行。

　　　　　　　　　　　　　　　　　完成日期：　　　　　　年　　月　　日


本人姓名：

出生日期：　　　年　　月　　日　　　指印

证件种类：

证件号码：


注：尊严死宣言书是个人生前预嘱，无相关法律依照，使用时需慎重。

# 尊严死宣言书例 ②

本尊严死宣言书是依照＿＿＿＿＿＿＿＿＿＿的嘱托，于＿＿＿＿＿年＿＿月＿＿日委托代理人

＿＿＿＿＿＿＿＿，严格遵照嘱托人的口述完成的文书，并且得到嘱托人的确认。

1.这份宣言书完成前，已经事前得到我的家人即以下按印者的一致理解。

配偶姓名：　　　　　　　出生：　　　年　　月　　日　　指印

儿子姓名：　　　　　　　出生：　　　年　　月　　日　　指印

女儿姓名：　　　　　　　出生：　　　年　　月　　日　　指印

2.如果我有一天患上了不治之症，我向我的家人和为我诊治的医生宣布以下愿望：

①假如包括我的主治医师在内的两名以上的医师确认我所患疾病无法治愈，而且认为我的死期已经临近，我要求不要为延长我的生命继续实施医疗救治。

②在上述情况下，如果为了缓和我的痛苦，我同意尽量采取可以减轻肉体痛苦的处置方法。例如，使用有副作用的麻醉镇痛药物，即使它们会加速死亡也无妨。

3.在我陷入上述状况时，请展示我的尊严死宣言书，希望医生和家人按照我的意愿让我保持形象、有尊严地迎接死亡。

4.我谨向所有忠实执行我的尊严死宣言的人表示深深的感谢。实施我的尊严死预嘱的受托人，接受了我的全权委托，其行为的一切后果由我本人承担。

5.我向警察、检察官郑重表示这是我的家人和医生按照我的意愿所做的善事，其行为不能成为犯罪搜查和起诉的理由。

6.这份尊严死宣言书是我在精神正常、神志清醒的状态下经过慎重思考之后委托代理人完成，并得到了我的确认。只要我不声明撤销这份宣言书，其中的内容将始终有效。

完成日期　　　　年　　月　　日

本人姓名：

出生日期：　　　年　　月　　日　　　　指印

证件种类：

证件号码：

代理人姓名：　　　　　相互关系：　　　　　　指印

代理人电话：

证件种类：

证件号码：

注：尊严死宣言书是个人生前预嘱，无相关法律依照，使用时需慎重。

# 4 我的葬事安排

# 病危通知

## 1. 委托执行通知我病危的人

| | | | |
|---|---|---|---|
| 姓名： | 关系： | 电话： | 居住地： |
| 姓名： | 关系： | 电话： | 居住地： |

## 2. 病危通知的时机

| | | |
|---|---|---|
| □ 确定是致命的病名后 | □ 送入 ICU 抢救病室后 | □ 经过抢救恢复生命后 |
| □ 无意识状态24小时后 | □ 医生宣告已经临终后 | □ 经过本人许可同意后 |

## 3. 通知对象及范围

| | |
|---|---|
| □ 告知我的全部直系亲属 | □ 告知我家族的全体人 |
| □ 告知我的所有友人和熟人 | □ 允许公开对外通知 |
| □ 拒绝通知任何人 | □ 仅限定告知以下特定的人 |

| | | | |
|---|---|---|---|
| 姓名： | 关系： | 电话： | 居住地： |
| 姓名： | 关系： | 电话： | 居住地： |
| 姓名： | 关系： | 电话： | 居住地： |
| 姓名： | 关系： | 电话： | 居住地： |
| 姓名： | 关系： | 电话： | 居住地： |

## 4. 通知内容范围

| | |
|---|---|
| □ 仅通知我的病名、病情 | □ 通知我的病名、病情 |
| □ 不加隐瞒，真实通知病情 | □ |

## 5. 通知词写法的拟定

### 病危发生前我特别想说的话

# 死亡通知

## 1. 死亡通知对象

| □ 死亡后立即通知所有亲属 | □ 火化后立即通知所有亲属 | □ 葬礼后立即通知所有亲属 |
|---|---|---|
| □ 通知对象由家人判断 | □ 死亡后希望不通知任何人 | □ 希望按照下列名单通知 |

## 2. 家人通知名单

| 姓名： | 关系： | 电话： | 居住地： |
|---|---|---|---|
| 姓名： | 关系： | 电话： | 居住地： |
| 姓名： | 关系： | 电话： | 居住地： |
| 姓名： | 关系： | 电话： | 居住地： |
| 姓名： | 关系： | 电话： | 居住地： |

## 3. 通亲属通知名单

| 姓名： | 关系： | 电话： | 居住地： |
|---|---|---|---|
| 姓名： | 关系： | 电话： | 居住地： |
| 姓名： | 关系： | 电话： | 居住地： |
| 姓名： | 关系： | 电话： | 居住地： |

## 4. 友人通知名单

| 姓名： | 关系： | 电话： | 居住地： |
|---|---|---|---|
| 姓名： | 关系： | 电话： | 居住地： |
| 姓名： | 关系： | 电话： | 居住地： |
| 姓名： | 关系： | 电话： | 居住地： |

## 5. 其他通知名单

| 姓名： | 关系： | 电话： | 居住地： |
|---|---|---|---|
| 姓名： | 关系： | 电话： | 居住地： |
| 姓名： | 关系： | 电话： | 居住地： |

## 6. 拟定的通知告词

# 葬礼形式

## 1. 丧葬费来源

| | | | |
|---|---|---|---|
| □ 使用个人遗产 | 姓名： | 关系： | 联系电话： |
| □ 请求教会帮助 | 姓名： | 关系： | 联系电话： |
| □ 请求朋友帮助 | 姓名： | 关系： | 联系电话： |
| □ 请求民政部门帮助 | 姓名： | 关系： | 联系电话： |
| □ 听从家人判断 | 姓名： | 关系： | 联系电话： |

## 2. 丧主的人选

| | | | |
|---|---|---|---|
| □ 委托第一人选 | 姓名： | 关系： | 联系电话： |
| □ 委托第二人选 | 姓名： | 关系： | 联系电话： |
| □ 委托第三人选 | 姓名： | 关系： | 联系电话： |
| □ 听从家人判断 | 姓名： | 关系： | 联系电话： |

## 3. 葬礼主持人

| | | | |
|---|---|---|---|
| □ 委托第一人选 | 姓名： | 关系： | 联系电话： |
| □ 委托第二人选 | 姓名： | 关系： | 联系电话： |
| □ 委托第三人选 | 姓名： | 关系： | 联系电话： |
| □ 听从家人判断 | 姓名： | 关系： | 联系电话： |

## 4. 追悼词发言

| | | | |
|---|---|---|---|
| □ 委托第一人选 | 姓名： | 关系： | 联系电话： |
| □ 委托第二人选 | 姓名： | 关系： | 联系电话： |
| □ 委托第三人选 | 姓名： | 关系： | 联系电话： |
| □ 听从家人判断 | 姓名： | 关系： | 联系电话： |
| □ 无须悼词发言 | 姓名： | 关系： | 联系电话： |

## 5. 遗像的选用

| 遗像介质 | □ 纸质照片 | □ 乳胶底片 | □ 数字照片 | □ |
|---|---|---|---|---|
| □ 自己准备 | 保管人： | 关系： | 联系电话： | |
| □ 家人准备 | 保管人： | 关系： | 联系电话： | |
| □ 友人准备 | 保管人： | 关系： | 联系电话： | |

## 6. 遗体的装束

| | | |
|---|---|---|
| □ 准备的寿衣 | 保管人： | 联系人电话： |
| □ 生前喜欢的服装 | 保管人： | 联系人电话： |
| □ 听从家人判断 | 保管人： | 联系人电话： |

## 7. 葬礼的个性

| | | |
|---|---|---|
| □ 摆放我喜欢的花草 | 花草名称： | 联系人电话： |
| □ 摆放我喜欢的物件 | 物件名称： | 联系人电话： |
| □ 播放我喜欢的音乐 | 音乐名称： | 联系人电话： |
| □ 播放我录制的视频 | 视频名称： | 联系人电话： |
| □ 穿戴我喜欢的装束 | 装束名称： | 联系人电话： |

### 葬礼上宣读的告别寄语（生前书写）

# 尸骨安置

## 1. 遗体的葬式

| | | |
|---|---|---|
| ☐ 宗教葬式 | ☐ 家族葬式 | ☐ 风俗葬式 |
| ☐ 遗体土葬 | ☐ 火化土葬 | ☐ 火化墓葬 |
| ☐ 骨灰海葬 | ☐ 骨灰树葬 | ☐ 骨灰壁葬 |
| ☐ 宇宙葬式 | ☐ 钻石葬式 | ☐ 冰冻葬式 |
| ☐ 骨灰散葬 | ☐ 集体合葬 | ☐ 尸体捐献 |
| ☐ 器官捐献 | ☐ 家人决定 | ☐ |

## 2. 希望的陵园

| | | |
|---|---|---|
| ① 陵园名： | 电话： | 陵园地址： |
| ② 陵园名： | 电话： | 陵园地址： |
| ③ 陵园名： | 电话： | 陵园地址： |

## 3. 希望的墓地

| | | | |
|---|---|---|---|
| ☐ 单穴立墓 | ☐ 双穴合墓 | ☐ 家族墓地 | ☐ 政府公墓 |
| ☐ 军人公墓 | ☐ 公众合葬 | ☐ 商品墓地 | ☐ 财力决定 |
| ☐ 依傍山林 | ☐ 靠山望水 | ☐ 家人决定 | ☐ |

## 4. 希望的墓碑

| | | | |
|---|---|---|---|
| 墓碑等级 | ☐ 豪华型 | ☐ 中档型 | ☐ |
| 墓碑色彩 | ☐ 黑色系 | ☐ 白色系 | ☐ |
| 墓碑材质 | ☐ 大理石 | ☐ 花岗石 | ☐ |
| 墓碑样式 | ☐ 立式碑 | ☐ 卧式碑 | ☐ |
| 墓碑风格 | ☐ 中式碑 | ☐ 日式碑 | ☐ |

## 5. 墓碑的铭文

| | | | |
|---|---|---|---|
| 墓碑书写 | ☐ 自书碑文 | ☐ 家书碑文 | ☐ |
| 记载内容 | ☐ 生平经历 | ☐ 身份职务 | ☐ |
| 死亡原因 | ☐ 必须记载 | ☐ 无须记载 | ☐ |
| 雕刻铭文 | ☐ 人工雕刻 | ☐ 激光雕刻 | ☐ |
| 铭文字体 | ☐ 楷书体 | ☐ 魏碑体 | ☐ |

#### 6. 尸骨的安置

| | | |
|---|---|---|
| 尸骨安置人: | 关系: | 联系电话: |
| 尸骨安置人: | 关系: | 联系电话: |
| 尸骨安置人: | 关系: | 联系电话: |
| 尸骨安置人: | 关系: | 联系电话: |
| 尸骨安置人: | 关系: | 联系电话: |

#### 7. 葬式的意愿

| | | | |
|---|---|---|---|
| □ 希望烧纸哭丧 | □ 拒绝烧纸哭丧 | □ 接受亲朋礼金 | □ 谢绝亲朋礼金 |
| □ 希望宗教超度 | □ 拒绝宗教超度 | □ 希望丧俗七七 | □ 拒绝丧俗七七 |
| □ 希望大操大办 | □ 拒绝大操大办 | □ 希望简单低调 | □ 希望豪华高调 |
| □ 置办葬礼宴会 | □ 拒绝葬礼宴会 | □ 希望开追悼会 | □ 不举办追悼会 |
| □ 直系亲人到齐 | □ 直系可以缺席 | □ 指定送葬人选 | □ 无须送葬人选 |
| □ 必须置办葬礼 | □ 不要置办葬礼 | □ 秘密置办葬礼 | □ 家人商议决定 |

#### 8. 墓碑的文字

### 安置尸骨时特别想说的话（生前书写）

# 葬礼选择

## 1. 殡仪馆的选择

| | | |
|---|---|---|
| □ 有契约合同，尚未支付 | 经手人电话： | 凭据放置处： |
| □ 有契约合同，全部支付 | 经手人电话： | 凭据放置处： |
| □ 已经预约，但尚未支付 | 经手人电话： | 凭据放置处： |
| □ 逝世后家人决定殡仪馆 | 联系人电话： | |
| □ 不约殡仪馆，自家举办 | 联系人电话： | |
| □ | 联系人电话： | |

## 2. 殡仪馆联系方式

| | | |
|---|---|---|
| □ 已签约的殡仪馆名： | 电话： | 地址： |
| □ 预约的殡仪馆名： | 电话： | 地址： |
| □ 我看好的殡仪馆： | 电话： | 地址： |
| □ 家人决定殡仪馆： | 电话： | 地址： |
| □ 民政推荐殡仪馆： | 电话： | 地址： |

## 3. 宗教葬礼的选择

| | | |
|---|---|---|
| □ 佛教式葬礼 | 教会电话： | 教会地址： |
| □ 基督教式葬礼 | 教会电话： | 教会地址： |
| □ 伊斯兰教式葬礼 | 教会电话： | 教会地址： |
| □ 其他宗教葬礼 | 教会电话： | 教会地址： |

## 4. 葬礼形式的选择

| |
|---|
| □ 普通式样的葬礼（□守夜 □诵经 □出殡 □追悼会 □火化 □埋葬 □纳碑 □七七 □散骨） |
| □ 只限家人的葬礼（□守夜 □诵经 □出殡 □追悼会 □火化 □埋葬 □纳碑 □七七 □散骨） |
| □ 简单低调的葬礼（□守夜 □诵经 □出殡 □追悼会 □火化 □埋葬 □纳碑 □七七 □散骨） |
| □ 保守隐私的密葬（□守夜 □诵经 □出殡 □追悼会 □火化 □埋葬 □纳碑 □七七 □散骨） |
| □ 葬礼由家人决定（□守夜 □诵经 □出殡 □追悼会 □火化 □埋葬 □纳碑 □七七 □散骨） |
| □　　　　　（□　　　□　　　　□　　　　□　　　　） |

## 5. 葬礼消费标准的选择

| | | | |
|---|---|---|---|
| □ 普通价格葬礼 | □ 简朴价格葬礼 | □ 最低价格葬礼 | □ 豪华价格葬礼 |
| □ 委托民政安排 | □ 家人酌情安排 | □ | □ |

# 逝者的葬礼

逝者为什么要有葬礼？这常常成为人们探讨的话题。葬礼包括"殡"和"葬"两个不同的过程，"殡"是悼念逝者的礼仪活动，"葬"是对遗体或骨灰采取的掩埋方式。殡葬之礼是对生命的哀悼、敬畏、评价和缅怀。殡葬之礼作为对逝者的悼念方式和礼仪，是人类文明中非常重要的组成部分。葬礼是一种至高的文化，它承载的意义对国家、社会、家庭、个人都产生深刻的影响。葬礼的作用体现在以下四个方面，即社会的处理、遗体的处理、灵魂的处理、悲哀的处理。

## 一、社会的处理

当个体死亡时，与死者最具直接关系的亲属、友人等，负有处理其"死亡"的责任和义务。他们必须通过葬礼向社会和死者有交往的人通告，让亲朋好友知悉和确认死者已经离开人世的事实，同时启动社会处理个体死亡的程序。就法律规定来说，责任人要履行的义务包括确认死者的"死亡"并领取遗体、办理死亡证明书、注销户籍、交回身份证、启动财产继承，以及依据社会的伦理道德、传统习俗来举办葬礼。社会的处理即履行全方位处理个体死亡的社会程序，彻底注销一个自然人在地球上的存在。

## 二、遗体的处理

遗体的处理，对于维护公共卫生和社会秩序都具有重要意义。曝露散落的遗体会很快腐坏，污染环境。中国人在传统上讲究入土为安，除了让死者尽早安息，另一个目的就是防止尸身腐坏。只有按照不同的宗教信仰和丧葬习俗为遗体施行土葬、火葬、水葬或其他葬法等处理之后，死者才真正地从物理意义上与生者分别，死亡过程才算真正地宣告结束。遗体还具有特殊的利用价值，可被用于标本制作、生理解剖、教学实验、科学研究，也是移植器官的重要来源。

## 三、灵魂的处理

灵魂在宗教信仰中占有重要的地位，基督教、伊斯兰教、佛教以及其他宗教都有各自独立的灵魂观。在相信灵魂存在的文化中，灵魂是一种超自然的、非物质的存在，某些传统的中国民俗文化中就有对鬼魂的信仰，人们需要供养它们才能得以安宁。葬礼的出现和发展是灵魂处理的重要环节，在生者和死者之间建立了一种沟通形式。人们通过葬礼仪式把亡者的灵魂送往另外一个世界，使死者的灵魂得以安息，生者的灵魂得到慰籍。

## 四、悲哀的处理

死亡会带来震惊和悲痛，让活着的人在悲哀中饱受折磨，甚至在沮丧中一蹶不振。为了慰藉内心的悲哀，人类发明和传承了葬礼文化，帮助生者摆脱悲哀，平抚他们精神上的伤痛，使混乱的心理和不安的情绪得到安抚。葬礼最重要的作用之一是最大限度地释放生者的悲哀，从心理及形式上践行向死者表达哀思的过程，为死者的一生画上完美的句号。葬礼释放了生者心中的悲哀，使之将注意力转向内在自我的适度调整，从而跨越这场巨大的情绪危机。如果缺少葬礼这个环节，生者就无法与死者做最后的告别，也无法合理地处理悲哀的情绪。在生者修复心理伤痛的过程中，葬礼具有举足轻重的作用。

# 宇　宙　葬

　　20 世纪末，宇宙葬受到全世界的关注。提供宇宙葬的公司将死者的遗骨加工成骨灰粉后装入一个小型胶囊，再把数十乃至上百个胶囊放入一枚宇宙墓舱卫星内，用火箭发射到地球的外空间。宇宙墓舱卫星在被释放到外空间后，沿着地球轨道旋转运行。这种将死者的骨灰发射到宇宙空间的葬法被称作"宇宙葬""太空葬"。迄今为止，世界上许多名人，如美国宇航员、天文学者、著名歌手等，都实现了自己宇宙葬的夙愿。

　　按照国际航空联盟组织（FAI）的定义，人造卫星离地面的最低高度（即距地表 100 公里）以外的空间即为外层空间或太空、宇宙空间。外层空间的环境接近真空，超级寂静，适合亡者安息。用于宇宙葬的火箭必须能够到达或者跨越外层空间，将"人造卫星墓"置留在预定轨道上，这样才算是安葬到位、发射成功。卫星墓围绕地球转，而地球围绕太阳转。卫星墓在受到太阳光的照射时，会发出耀眼的光芒，地球上的人按照宇宙葬公司提供的时间在夜晚用肉眼或望远镜可以观察到它经过的星际轨迹，借此追忆故人。

　　卫星墓有各种类型，主要区别是轨道的定位高度。高轨道卫星墓的寿命相对较长，低轨道卫星墓的寿命相对较短。低轨道卫星墓在重力和地球引力的作用下，最终会脱离轨道、飞向地球，在突入大气层时因高温摩擦燃烧殆尽。卫星墓在轨运行的时间，一般为半年至 250 年不等。考虑到发射成本，发射卫星墓的火箭舱室和自重都会受到限制。卫星墓容器舱室通常设计成特殊的圆筒状，其中精密排列着数十个乃至上百个金属胶囊，每个胶囊内装有数克或数十克骨灰粉。这种火箭可以将上百人的骨灰胶囊同时送入宇宙空间，在寂静的太空中遨游。

　　2019 年，美国塞勒斯提斯公司（Celestis Company）的产品选项中有四类宇宙葬的服务套餐：环绕地球外层空间飞行葬，价格为 1.75 万元人民币起；地球轨道卫星墓葬，价格为 3 万元人民币起，这类卫星最终会在重力和地球引力的作用下落入地球而燃尽；宇宙探险葬，价格为 8.77 万元人民币起，它使用的卫星墓最终脱离地球引力飞向无尽的外层空间，永不回返。月球表面葬，宇宙葬服务公司可以用火箭将卫星墓运送到月球，让亡者永远安息在那里，该套餐的价格为 8.77 万元人民币起。

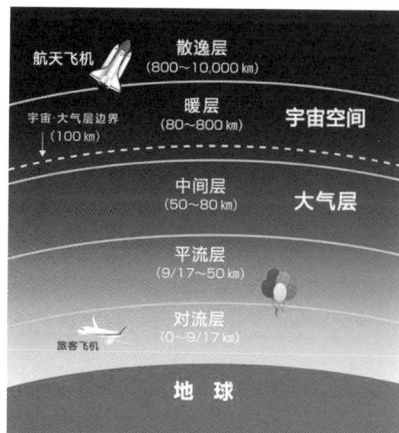

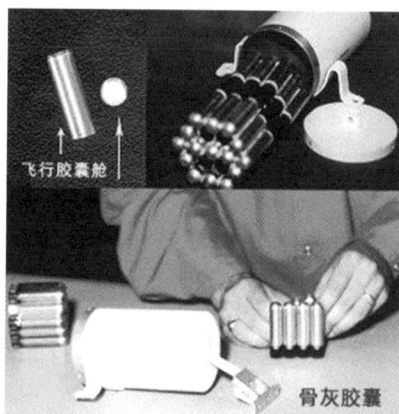

飞行胶囊舱

骨灰胶囊

骨灰棺发射

# 钻 石 葬

钻石葬也称宝石葬、金刚石葬，是将骨灰中的碳元素提取出来，将其加工成美丽的钻石，然后镶嵌在首饰上，死者亲属将其珍藏或随身佩带。钻石葬被誉为世界上最美妙的缅怀死者的方式。2006年，美国人成功地利用火化后的骨灰制成了第一枚钻石，钻石葬的新概念从此诞生。迄今为止，世界上已经有数千个家庭将亲人的遗骨制成了钻石，将他们永远留在了自己身边。

钻石葬听起来新鲜，其实科学家很早就已经探明人体含有18%的碳，而骨灰的碳含量占2%左右。早在20世纪50年代，瑞典人就已成功地从普通物质中提取出高纯度的碳，并在高温高压条件下将其转化为钻石。将骨灰制成钻石的原理，是提取骨灰中的碳元素，将其转化成钻石结构的碳。这种结构的碳晶体也称人造钻石、人造金刚石。

如果对钻石中的杂质加以巧妙的控制，人们还可以制成不同颜色的骨灰钻石，如蓝钻石、红钻石、黄绿钻石、橙黄钻石、无色透明钻石。最新的技术已能够从骨灰中提纯出100%的碳，制作出晶莹透明的纯钻石，并且钻石结晶的培育时间从一年缩短至三个月，钻石重量达到2克拉的水平。人造骨灰钻石的制作工艺如右图所示，可分为焚尸炉炼化、高压炉提纯、钻石首饰加工等过程。利用类似的高温高压技术，还可以将死者遗骨制成精美的陶瓷首饰，后者又被称为陶瓷葬。

根据目前的技术水平，制造大颗粒骨灰钻石所需的时间仍比较长，费用也相当昂贵。0.25克拉的骨灰钻石，制作价格为4000美元；1克拉的钻石，制作价格达22000美元。中国于2011年引进了提取骨灰碳制作钻石的技术。如今，在我国网站上也可以看到制作骨灰钻石的商业服务，一枚骨灰钻石首饰的标价在6000~20000元人民币不等。

生物碳钻石项链

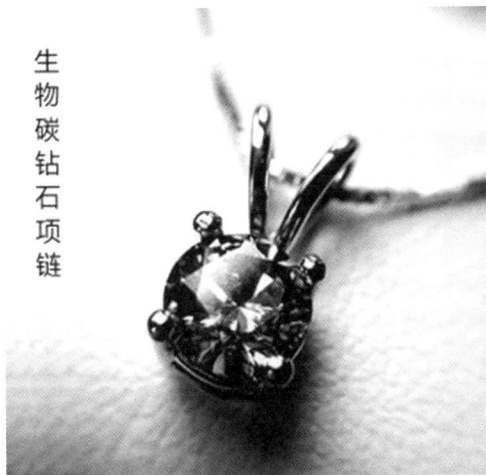

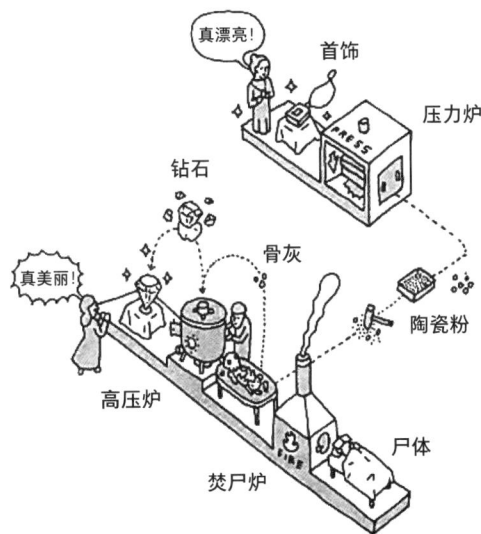

白钻石　蓝钻石　红钻石　黄钻石　橙钻石

追思情 永相伴

真漂亮！　首饰
压力炉
钻石
骨灰
真美丽！
陶瓷粉
高压炉
尸体
焚尸炉

# 冰冻生态葬

冰冻生态葬是以绿色环保作为理念的富有创意的殡葬方式。瑞典普罗美森（Promession）公司开发的冰冻生态葬是将遗体超低温冰冻后，通过一系列精细处理，最后将其化为生态肥料回归大自然的葬法。冰冻生态葬的遗体处理效果比传统火葬更具优越性，不会产生二氧化碳排放。每具遗体可以被加工成25～30公斤重的细微颗粒。

冰冻生态葬处理流程可以分为如下几个环节：首先，将死者的遗体放进零下196摄氏度的超低温液氮中浸泡冷冻，让有机组织迅速脱水，再用专门的设备把硬化易碎的遗体分解成块；然后将分解后的遗体送进超声波震荡设备，遗体在超声波的强力震动下被粉碎成细小的粒状物；之后把这些颗粒传送至特制的真空干燥箱内进行高温处理，形成干燥细小的颗粒；这些颗粒被送入金属分离器内过滤，将颗粒内可能的残存金属物如人造金属关节、假牙、固定螺钉等分离出去；最后，干燥后没有异味的颗粒被封装到特制的有机纳骨罐内。

冰尸分解设备

分解块粉碎设备

特制有机纳骨罐，是用玉米纤维素、海洋生物扇贝壳、黏土混合加工而成的细腻粉末制成的。纳骨罐用于盛装遗体颗粒，非常有益于地球的环境保护。遗体颗粒封装到有机罐后，会被埋在50厘米深的浅地表下，然后在地表上种植花草，或者埋在树木的根部。有机纳骨罐和遗体生物颗粒在微生物的作用下，经过六个月至一年的时间就会分解转化成肥料，融入大自然的土壤。这种葬法既不会产生环境污染，也不会留下任何个人隐私的痕迹，真正做到了落叶归根、回归大自然的生态轮回。

冰冻生态葬是一种非常有发展前景的绿色环保殡葬方式，可以减少土地资源的浪费，而且处理成本低廉。在瑞典每具遗体的冰冻生态葬处理费用仅为290欧元，相当于2300元人民币。普罗美森公司所开发的殡葬技术得到了瑞典政府的关注和支持，该公司现已经建成一座尸体冷冻颗粒化处理工厂。据报道，冰冻生态葬这种绿色环保的殡葬新形式正在受到世界各国的广泛关注。

玉米纳骨罐

喜欢的花草
环式纪念碑
树木
地下
玉米纳骨罐

# 冷冻复苏葬

1976 年，美国阿尔科生命延续基金会（Alcor Life Extension Foundation）宣布，开始提供商业性的人体冷冻保存服务。这项尸体冷冻保存技术，是一种新概念冷冻复苏葬。自从考古学家在冰川上发现了在天然冷冻条件下经历数千年保存下来的人类古尸之后，一些科学家就做出了大胆的设想，如果将现代医疗技术无法拯救的病人遗体冷冻起来，保存到医疗技术更为发达的时代，那时再对尸体进行解冻，用更先进的医疗技术重新治疗，岂不是可以将现代死人复活到未来的世界去了吗？面对这些看似天方夜谭的假设，美国人其实早已经开始了尸体保存工程并向全世界提供服务。科学家同时想到尸体解冻复苏工程即使不能成功，利用那些保存到未来的尸体，还可以通过基因复制工程再造相同的人类。2008 年，日本理化学研究所利用死后被冷冻保存了 16 年的白鼠，经过对其基因胚胎复制，成功地使相同基因的白鼠诞生。这在理论上证明了冷冻人类的遗体、通过复制保存下来的基因再造相同个体也是成立的。

美国阿尔科生命延续基金会仅面向加入基金会的会员提供遗体冷冻服务。当会员的死期临近时，基金会的技术人员会闻讯前来，等待濒死者的死亡时刻。在医师宣告死亡后，技术人员会立即对遗体进行冷冻，首先遗体会立即被浸入冰水槽，并且在人工呼吸装置的帮助下维持心肺运动和血液的循环。为了有效地保存脏器和脑组织，技术人员还会向遗体静脉注射含有抗凝血剂、酸碱度调节剂、麻醉剂的药物。待遗体温度下降到指定区间时，技术人员迅速将其转移到专用容器内，送往生命延续基金会的设施中心。在遗体到达设施中心后，技术人员立即对其进行灌流手术，首先放出死者体内的血液，然后缓慢注入医用级的防冻保存液，使心脏中的血液完全由防冻保护液替代，整个过程需要数小时才能完成。保护液的作用在于防止人体内的水分结成冰晶刺破细胞膜。最后，死者的全身或被分离的头部，被密封在特制的不锈钢容器中，在零下 196 度的液氮容器装置内长期浸泡保存。生命延续基金会会员要为此缴纳一定费用，每具遗体冷冻保存费为 15 万美元，头部冷冻保存费为 8 万美元，另外还有每年的维持会费 770 美元。截至目前，世界上实施冷冻保存处理的遗体已有 139 具，其中 60% 的会员选择了头部冷冻方法。一些美国当代名人也参与了生命延续基金会的遗体冷冻项目。

2015 年 5 月，中国四川省 61 岁的女作家杜虹因患胰腺癌去世。美国阿尔科生命延续基金会的两名医生携带专用手术设备和药品来到中国，在北京成功地对杜虹实施了冷冻手术。杜虹的遗体被装入零下 40℃ 的特制冰棺，由美国专门负责外国人遗体运输的公司运往美国，并在美国实施了头体分离手术。她的头部被保存在盛有零下 196℃ 液氮的特制容器中。遗体冷冻手术共计花费 12 万美元（约 75 万元人民币）。阿尔科生命延续基金会透露现在已有希望实施同类手术的中国客户向基金会预约服务。

冷冻复苏技术带给人类死后复生的梦想，可是没有人能保证一定会取得成功，这些选择冷冻复苏葬的人也许永远不能复活。目前这种冷冻保存遗体的做法在法学、法医学、宗教等各领域，仍然存在很多伦理上的争议，但生命延续基金会和一些痴迷于复活幻想的人们，却对这种技术抱有乐观的态度。

美国阿尔科生命复苏葬冷冻库库内的景象

# 器官移植与生命再生

在现代社会，越来越多的人希望死后把有用的器官捐献给需要的人。人们逐渐意识到人死后遗体对本人和家属没有任何实际意义，但遗体和器官的捐献对其他患者来说却存在非凡的价值。器官捐献者的增多，给许多生命垂危的人带来新生的希望。器官捐献是一种成就他人的善举，获救的人可以用新的生命造福世界。一个死去的生命不仅拯救了其他生命，而且由于自己的器官在他人体内得以存活，自己生命的一部分也得到了延续，体现出生命的另一种意义。但迄今为止，遗体脏器移植在某些宗教和伦理上仍然存在否定的主张。

日本社会在政府监督下推行了各种各样随身携带的"器官捐献志愿卡"。志愿者可以在日本的器官捐献网站上报名，说明希望捐献器官的意愿。由日本交通大臣发给的汽车驾驶执照卡背面设有器官捐献意愿的记载栏。器官捐献对捐献者的年龄有上限标准，心脏捐献者的年龄应在 50 岁以下，肺脏捐献应在 70 岁以下，肾脏、胰脏捐献对应的年龄上限分别是 70 岁和 60 岁，角膜捐献则无年龄限制。患有癌症、传染病以及医学检查不合格的人不能参与器官捐献。年满 15 岁以上的日本公民，无论男女，都有资格报名，说明自己死后或脑死后捐献器官的意愿。死后捐献分捐献遗体和捐献器官两种类型。捐献遗体是将自己的遗体提供给医科院校，用于解剖教学和学生实习。遗体献出后的使用时间通常为 1~3 年。日本史上有许多著名人士留下遗言献出了自己的遗体。捐献的遗体在使用之后将另行火化，骨灰返还给家属安葬。

日本现在有很多独居的孤寡老人，希望死后将自己的遗体捐献给医科大学，近年来报名者急剧增多。一旦报名遗体捐献获准，将来遗体的搬运费、火葬费、公共墓地费、纳骨费等均由医科大学方面负担，独居孤寡老人因此可以免除对身后葬礼费用的担忧。至于器官捐献者，当器官摘出后，手术医师还必须对遗体移除器官的部位进行填充整形仔细缝合，然后清洗遗体、整理毛发，用医疗绷带在刀口处做美观缠绕处理，使遗体的外形在移植手术前后看上去没有变化。全部处置完毕后，遗体或骨灰被郑重地交还给捐献者家属进行安葬。

美国有一则感人的新闻报道，某青年在车祸中不幸丧生，按照他的生前意愿，医生及时从他身体上摘取了所有可供利用的器官，将两只肾脏分别移植给美国和欧洲的两名肾功能衰竭者；心肺和肝脏分别提供给两名濒临死亡的患者；两个眼球的角膜给两个失明者做了角膜移植。这位不幸青年捐赠的生命礼物，使四名垂死者重获新生，两位盲人重见光明。这个青年的母亲在接受记者采访时说，自己为儿子的行为感到骄傲，同时还感谢那些接受她儿子器官的患者，让她儿子生命的一部分在他们体内继续存活。这位母亲觉得看到这些治愈的人就像见到了自己的儿子一样欣慰。

捐献者表现出的"乐于行善"和"愿意帮助别人"，将会持续激发社会上回馈他人和互助互爱的动力。从生命哲学的视角来看，遗体和器官捐献不但是对他人的善意帮助，也为死者自己找到一个值得感恩的受体，使死者生命的一部分继续存活在这个世界上。死者的器官为受捐赠人的生命创造了价值，而受捐赠人也为死者器官的继续存在提供了条件。从生命对等、相互尊重的伦理意义上说，双方在供给和接受的同时都是幸福的受益者。这种宽宏无私理念的普及，将使文明社会的人们的捐献意愿不断提高。

# 5 我的速查表

# 出门携带物品表

## 1. 日常随身小包携带物品

| 物件分类 | 物品名称 | 出门前确认（√） | | | | |
|---|---|---|---|---|---|---|
| 证件 | 身份证、老年证、老年公交卡 | | | | | |
| 手机 | （充满电、定位设定、开机密码设定） | | | | | |
| 钱包 | 零钱、紧急联络卡（自制） | | | | | |
| 其他 | 家门钥匙、老花镜、手绢、矿泉水、雨伞 | | | | | |
| 急救药物 | 硝酸甘油、速效救心丸、去痛片 | | | | | |

## 2. 近行出门肩包携带物品

| 物件分类 | | 物品名称 | 出门前确认（√） | | | | |
|---|---|---|---|---|---|---|---|
| 核心物件 | 证件 | 身份证、驾驶执照 | | | | | |
| | 钱包 | 零钱、银行卡、手机支付 | | | | | |
| | 紧急联络卡 | （记载姓名、年龄、性别、血型、联络电话） | | | | | |
| | 记事文具 | 小记事本、圆珠笔 | | | | | |
| | 手机 | （定位设定、开机密码设定） | | | | | |
| | 手机附件 | 充电器、数据线、充电宝、耳机 | | | | | |
| | 近身备品 | 家门钥匙、老花镜、手表、助听器 | | | | | |
| 生活辅助 | 散热辅具 | 遮阳帽、太阳镜、折叠扇子 | | | | | |
| | 折叠伞 | 阳伞雨伞两用，色彩易被人瞩目为宜 | | | | | |
| | 化妆品 | 护肤霜、防晒霜、唇膏 | | | | | |
| | 清洁用品 | 手绢、毛巾、湿巾纸、小包餐巾纸 | | | | | |
| | 其他 | 矿泉水、牙签、小镜子、指甲剪 | | | | | |
| | | | | | | | |
| 旅行小药箱 | 心脏救急药 | 硝酸甘油、速效救心丸、消心痛、阿司匹林 | | | | | |
| | 外伤药 | 创可贴、消炎止血药 | | | | | |
| | 腹泻药 | 腹泻药、胃痛药、便秘药 | | | | | |
| | 晕车船药 | 清凉油、风油精、人丹、晕车药、晕船药 | | | | | |
| | 成人病药 | 降压药、降糖药、胰岛素、降尿酸药 | | | | | |
| | 防蚊虫叮咬 | 消肿止痒药、驱蚊虫喷剂 | | | | | |
| | 感冒 | 风寒感冒药、热伤风感冒药 | | | | | |
| | 其他 | 去痛片、安眠药、抗生素药、医用三角巾 | | | | | |
| | | | | | | | |

### 3. 远行出门旅行箱携带物品

| 物件分类 | | 物品名称 | 出门前确认（√） | | | | | | | |
|---|---|---|---|---|---|---|---|---|---|---|
| 核心物件 | 证件 | 身份证、护照（出国必带）、驾驶执照 | | | | | | | | |
| | 钱包 | 零钱、银行卡 | | | | | | | | |
| | 紧急联络卡 | （记载姓名、年龄、性别、血型、联络电话） | | | | | | | | |
| | 记事文具 | 小记事本、圆珠笔 | | | | | | | | |
| | 手机 | （定位设定、开机密码设定） | | | | | | | | |
| | 手机附件 | 充电器、数据线、充电宝、耳机 | | | | | | | | |
| | 近身备品 | 老花镜、手表、助听器 | | | | | | | | |
| 衣类 | 运动步鞋 | （轻便、防滑、透气、鞋底略厚柔软） | | | | | | | | |
| | 卧室衣物 | 睡衣睡裤、内衣内裤 | | | | | | | | |
| | 夏季衣物 | 防风外套、大裤衩、袜子 | | | | | | | | |
| | 冬季衣物 | 羽绒衣裤、贴身暖宝、手套 | | | | | | | | |
| 生活辅助 | 体力辅具 | 折叠拐杖、小坐垫（铺地而坐） | | | | | | | | |
| | 散热辅具 | 遮阳帽、太阳镜、折叠扇子 | | | | | | | | |
| | 折叠伞 | 阳伞雨伞两用，色彩易被人瞩目为宜 | | | | | | | | |
| | 游泳用具 | 泳衣、泳裤、泳帽、防水眼镜 | | | | | | | | |
| | 洗漱用具 | 牙膏、牙刷、洗脸巾、香皂、梳子 | | | | | | | | |
| | 化妆品 | 护肤霜、防晒霜、唇膏 | | | | | | | | |
| | 小电器 | 吹风机、剃须刀、万能插座 | | | | | | | | |
| | 清洁用品 | 手绢、毛巾、湿巾纸、小包餐巾纸 | | | | | | | | |
| | 其他 | 牙签、小镜子、指甲剪 | | | | | | | | |
| 旅行小药箱 | 心脏救急药 | 硝酸甘油、速效救心丸、消心痛、阿司匹林 | | | | | | | | |
| | 外伤药 | 创可贴、消炎止血药 | | | | | | | | |
| | 腹泻药 | 腹泻药、胃痛药、便秘药 | | | | | | | | |
| | 晕车船药 | 清凉油、风油精、人丹、晕车药、晕船药 | | | | | | | | |
| | 成人病药 | 降压药、降糖药、胰岛素、降尿酸药 | | | | | | | | |
| | 防蚊虫叮咬 | 消肿止痒药、驱蚊虫喷剂 | | | | | | | | |
| | 感冒 | 风寒感冒药、热伤风感冒药 | | | | | | | | |
| | 其他 | 去痛片、安眠药、抗生素药、医用三角巾 | | | | | | | | |
| | | | | | | | | | | |

# 紧急联络电话表

| | 联系电话 | 备　注 |
|---|---|---|
| 急救中心 | **120** | 事故、病伤求救 |
| 公安报警 | **110** | 匪警、物品遗失 |
| 公安短信报警 | **12110** | 110报警短信辅助 |
| 火　警 | **119** | 火灾求救 |
| 森林火警报警 | **12119** | 火灾求救 |
| 交通事故报警 | **122** | 交通事故报警 |
| 高速道路报警、救援 | **12122** | 查询、报警、服务 |
| 水上求救专用 | **12395** | 水上遇险求救 |
| 红十字会急救 | **999** | 社会救助 |
| 天气预报 | **12121** | 天气预报查询 |
| 报　时 | **12117** | 电话报时查询 |
| 电话号码查询 | **114** | 人工查询服务 |
| 消费者申诉举报 | **12315** | 消费者维权 |
| 移动客服 | **10086** | 自动语音／人工 |
| 电信客服 | **10001** | 自动语音／人工 |
| 联通客服 | **10010** | 自动语音／人工 |
| 本地市长电话 | **12345** | 民生苦情反映 |
| 本区公安派出所 | | |
| 本区停电服务 | | |
| 本区漏水服务 | | |
| 本区漏气服务 | | |
| 小区物业办公室 | | |
| | | |
| | | |

| 姓　名 | 关　系 | 联系电话 | 固定电话 | 省　市 |
|---|---|---|---|---|
| | | | | |
| | | | | |
| | | | | |
| | | | | |
| | | | | |
| | | | | |
| | | | | |
| | | | | |
| | | | | |
| | | | | |
| | | | | |
| | | | | |
| | | | | |
| | | | | |
| | | | | |
| | | | | |
| | | | | |
| | | | | |
| | | | | |
| | | | | |

自家快递地址：

# 百岁对照表

| 公历 | 生肖 | 干支 | 中国现代百年 | 公历 | 生肖 | 干支 | 中国现代百年 |
|---|---|---|---|---|---|---|---|
| 1924 | 鼠 | 甲子 | 中华民国13 | 1949 | 牛 | 己丑 | 中华人民共和国成立 |
| 1925 | 牛 | 乙丑 | 民国14 | 1950 | 虎 | 庚寅 | 1周年 |
| 1926 | 虎 | 丙寅 | 民国15 | 1951 | 兔 | 辛卯 | 2周年 |
| 1927 | 兔 | 丁卯 | 民国16 | 1952 | 龙 | 壬辰 | 3周年 |
| 1928 | 龙 | 戊辰 | 民国17 | 1953 | 蛇 | 癸巳 | 4周年 |
| 1929 | 蛇 | 己巳 | 民国18 | 1954 | 马 | 甲午 | 5周年 |
| 1930 | 马 | 庚午 | 民国19 | 1955 | 羊 | 乙未 | 6周年 |
| 1931 | 羊 | 辛未 | 民国20 | 1956 | 猴 | 丙申 | 7周年 |
| 1932 | 猴 | 壬申 | 民国21 | 1957 | 鸡 | 丁酉 | 8周年 |
| 1933 | 鸡 | 癸酉 | 民国22 | 1958 | 狗 | 戊戌 | 9周年 |
| 1934 | 狗 | 甲戌 | 民国23 | 1959 | 猪 | 己亥 | 10周年 |
| 1935 | 猪 | 乙亥 | 民国24 | 1960 | 鼠 | 庚子 | 11周年 |
| 1936 | 鼠 | 丙子 | 民国25 | 1961 | 牛 | 辛丑 | 12周年 |
| 1937 | 牛 | 丁丑 | 民国26 | 1962 | 虎 | 壬寅 | 13周年 |
| 1938 | 虎 | 戊寅 | 民国27 | 1963 | 兔 | 癸卯 | 14周年 |
| 1939 | 兔 | 己卯 | 民国28 | 1964 | 龙 | 甲辰 | 15周年 |
| 1940 | 龙 | 庚辰 | 民国29 | 1965 | 蛇 | 乙巳 | 16周年 |
| 1941 | 蛇 | 辛巳 | 民国30 | 1966 | 马 | 丙午 | 17周年 |
| 1942 | 马 | 壬午 | 民国31 | 1967 | 羊 | 丁未 | 18周年 |
| 1943 | 羊 | 癸未 | 民国32 | 1968 | 猴 | 戊申 | 19周年 |
| 1944 | 猴 | 甲申 | 民国33 | 1969 | 鸡 | 己酉 | 20周年 |
| 1945 | 鸡 | 乙酉 | 民国34 | 1970 | 狗 | 庚戌 | 21周年 |
| 1946 | 狗 | 丙戌 | 民国35 | 1971 | 猪 | 辛亥 | 22周年 |
| 1947 | 猪 | 丁亥 | 民国36 | 1972 | 鼠 | 壬子 | 23周年 |
| 1948 | 鼠 | 戊子 | 民国37 | 1973 | 牛 | 癸丑 | 24周年 |

注：个人年龄计算法——例如1952年出生的人，2022年时的年龄=2022年-1952年=70岁。

# 百岁对照表

| 公历 | 生肖 | 干支 | 中国现代百年 | 公历 | 生肖 | 干支 | 中国现代百年 |
|------|------|------|------------|------|------|------|------------|
| 1974 | 虎 | 甲寅 | 25周年 | 1999 | 兔 | 己卯 | 50周年 |
| 1975 | 兔 | 乙卯 | 26周年 | 2000 | 龙 | 庚辰 | 51周年 |
| 1976 | 龙 | 丙辰 | 27周年 | 2001 | 蛇 | 辛巳 | 52周年 |
| 1977 | 蛇 | 丁巳 | 28周年 | 2002 | 马 | 壬午 | 53周年 |
| 1978 | 马 | 戊午 | 29周年 | 2003 | 羊 | 癸未 | 54周年 |
| 1979 | 羊 | 己未 | 30周年 | 2004 | 猴 | 甲申 | 55周年 |
| 1980 | 猴 | 庚申 | 31周年 | 2005 | 鸡 | 乙酉 | 56周年 |
| 1981 | 鸡 | 辛酉 | 32周年 | 2006 | 狗 | 丙戌 | 57周年 |
| 1982 | 狗 | 壬戌 | 33周年 | 2007 | 猪 | 丁亥 | 58周年 |
| 1983 | 猪 | 癸亥 | 34周年 | 2008 | 鼠 | 戊子 | 59周年 |
| 1984 | 鼠 | 甲子 | 35周年 | 2009 | 牛 | 己丑 | 60周年 |
| 1985 | 牛 | 乙丑 | 36周年 | 2010 | 虎 | 庚寅 | 61周年 |
| 1986 | 虎 | 丙寅 | 37周年 | 2011 | 兔 | 辛卯 | 62周年 |
| 1987 | 兔 | 丁卯 | 38周年 | 2012 | 龙 | 壬辰 | 63周年 |
| 1988 | 龙 | 戊辰 | 39周年 | 2013 | 蛇 | 癸巳 | 64周年 |
| 1989 | 蛇 | 己巳 | 40周年 | 2014 | 马 | 甲午 | 65周年 |
| 1990 | 马 | 庚午 | 41周年 | 2015 | 羊 | 乙未 | 66周年 |
| 1991 | 羊 | 辛未 | 42周年 | 2016 | 猴 | 丙申 | 67周年 |
| 1992 | 猴 | 壬申 | 43周年 | 2017 | 鸡 | 丁酉 | 68周年 |
| 1993 | 鸡 | 癸酉 | 44周年 | 2018 | 狗 | 戊戌 | 69周年 |
| 1994 | 狗 | 甲戌 | 45周年 | 2019 | 猪 | 己亥 | 70周年 |
| 1995 | 猪 | 乙亥 | 46周年 | 2020 | 鼠 | 戊子 | 71周年 |
| 1996 | 鼠 | 丙子 | 47周年 | 2021 | 牛 | 己丑 | 72周年 |
| 1997 | 牛 | 丁丑 | 48周年 | 2022 | 虎 | 庚寅 | 73周年 |
| 1998 | 虎 | 戊寅 | 49周年 | 2023 | 兔 | 辛卯 | 74周年 |

注：个人年龄计算法——例如1952年出生的人，2022年时的年龄 =2022年 -1952年 =70岁。

# 怎样呼叫急救车

现在中国的急救车服务事业已经有了很大的进步。急救中心提供 24 小时服务，只要是在医院外发生急危重症，随时可以拨打 120 呼叫急救车。当老人家遇到心跳呼吸突然停止、休克昏迷、呼吸困难、大咯血、大呕血、大量便血、剧烈疼痛，以及重度外伤、中毒、触电、溺水等紧急情况时，家属应该迅速呼叫 120 急救车前来救助。

120 急救车是收费的，收费分为急救车费和院前急救费两部分。①急救车费包括里程费和担架服务费。里程费是往返收费，3 ~ 5 公里起步价 10 元，超过后每公里加收 2 元，出市区按照长途里程收费。担架费三楼以下 15 元，三楼以上每层加 5 元。②院前急救费，按照省物价局规定的收费标准计价，医生出诊费每次 10 ~ 15 元，另加现场抢救费、急救中的输液、特殊处理、药品、血液等费用。具体收费根据各地区定价标准不同而有所差别。120 急救车是有限的公用资源，建议在紧急的情况下合理应用。

呼叫 120 急救车需要遵循如下规则，才能为伤病患者争取到宝贵的救助时间。

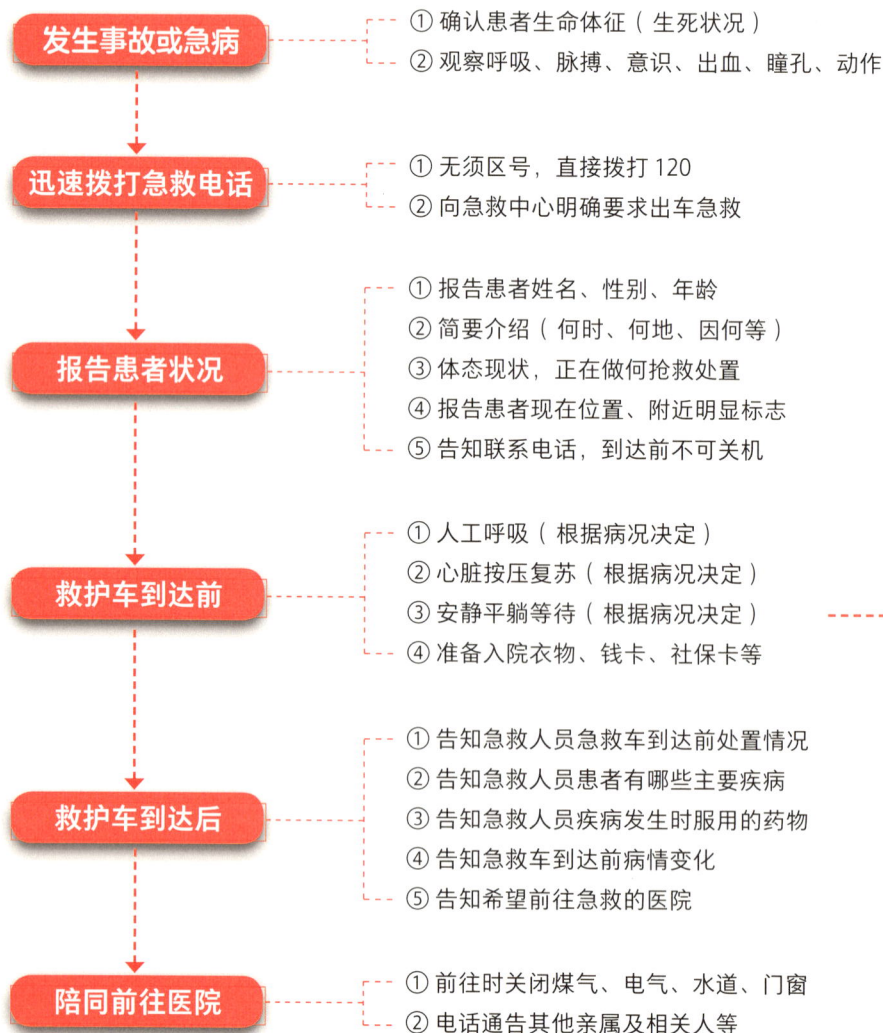

**发生事故或急病**
① 确认患者生命体征（生死状况）
② 观察呼吸、脉搏、意识、出血、瞳孔、动作

**迅速拨打急救电话**
① 无须区号，直接拨打 120
② 向急救中心明确要求出车急救

**报告患者状况**
① 报告患者姓名、性别、年龄
② 简要介绍（何时、何地、因何等）
③ 体态现状，正在做何抢救处置
④ 报告患者现在位置、附近明显标志
⑤ 告知联系电话，到达前不可关机

**救护车到达前**
① 人工呼吸（根据病况决定）
② 心脏按压复苏（根据病况决定）
③ 安静平躺等待（根据病况决定）
④ 准备入院衣物、钱卡、社保卡等

**救护车到达后**
① 告知急救人员急救车到达前处置情况
② 告知急救人员患者有哪些主要疾病
③ 告知急救人员疾病发生时服用的药物
④ 告知急救车到达前病情变化
⑤ 告知希望前往急救的医院

**陪同前往医院**
① 前往时关闭煤气、电气、水道、门窗
② 电话通告其他亲属及相关人等

# 急救车到达前应急处置

　　脑溢血、心脏病等急性病发生后的最初 5 分钟是抢救的关键，但急救车一般很难在如此短的时间内赶到。因此，在急救车到达前正确的应急处置非常重要。首先，家属不可太过慌乱，如果能和急救车保持联系，就先按照医生指示的急救方法去做；如果一时孤立无援，可先询问患者本人，将其调整到舒适的体位，保持呼吸和血液循环的畅通，尽可能将痛苦降到最低。其次，从语言上安慰患者"不要紧，没关系，马上就会好，急救车马上就到"，让患者知道救援立刻赶来，从而消除心理上的不安。在危急时刻，家属可以根据不同病况参考应用以下几种体位：

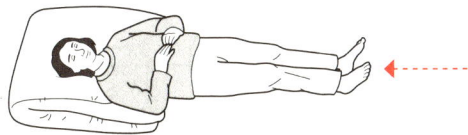

　　患者心脏病发作呼吸困难时，家属可将其上半身垫高，使其处于仰卧体位，这种体位有助于减轻心脏的负担。如果患者在心脏病发作时是站立姿态，家属应扶患者在原地缓慢坐下，让患者顺势靠在倾斜的椅背上安静休息或采取其他防止心脏受压的体位。

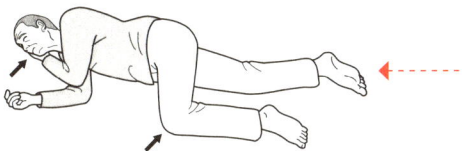

　　当遇到患者突发脑溢血时，家属应使患者保持侧卧体位，将其未受压一侧的手掌轻轻垫在病人耳下，再将同侧的腿呈直角曲起，撑住患者的身体。让患者头部略微上仰，下巴前突，这样既便于呕吐物流出，又可避免因舌头后翻阻塞呼吸道。如果患者出现大小便失禁，家属切不可随意移动身体，以免因不当操作加重病情。

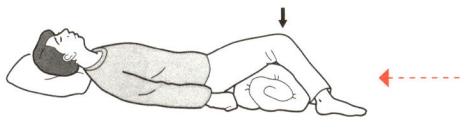

　　胃、肠、肝、胆、胰、脾、心的急性病多表现为腹部剧痛。家属可将患者上半身略微垫高，臀膝窝部垫入衣物或被褥，使患者在自然仰卧的同时膝部呈屈曲状。

## 心肺复苏的应急处置

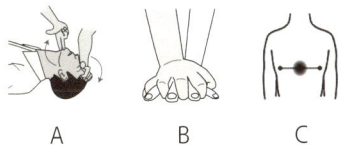

A　　　　B　　　　C

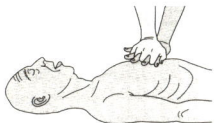

D

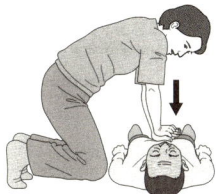

E

　　当患者因心脏病发作处于心跳和呼吸停止的无意识状态时，家属宜立即进行心肺复苏的应急处置，具体操作顺序如下所示：①确认患者已失去意识；②将其体位调整至仰卧；③使其头部后仰、下巴向上（如图 A），确保呼吸道通畅；④双手手指交叉紧扣（如图 B）；⑤压迫患者两乳中间的胸骨处（如图 C）；⑥双臂绷直，加入自身体重向下压迫 4～5 厘米（如图 D）；⑦连续压迫，速度约为 1 分钟 100 次（如图 E）；⑧结合人工呼吸处置时，胸骨处每压迫 30 次，就口对口为患者送气 2 次，压迫和送气交替进行。由于急救过程体力消耗很大，救助者在 2 人以上时，可每 2 分钟替换 1 次，直至患者恢复呼吸或急救车的自动体外除颤器（AED）到达为止。

　　利用心肺复苏施救，最重要的是应有质量地压迫胸骨处。压迫要垂直进行，着力点在手掌根部，尽量避免手指甲刮伤患者胸口。

# 老人误咽的急救

误咽是指在吞咽过程中因动作失误或某种条件反射，将固态物或流体物咽入气管的现象。误咽常见于老年人，是引发老年性肺炎和窒息死亡的一大原因。在日常生活中遇到老人误咽时，家人常常惊慌失措，处置不得要领。在此，我们参考一下日本误咽急救的做法。

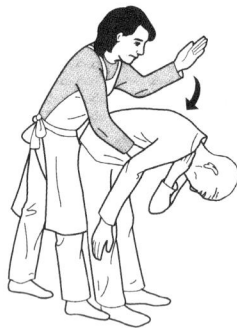

A

B

## 一、误咽的原因

1.机能性原因：脑肿瘤、脑血管障碍、帕金森病等脑疾病，以及肌肉萎缩硬化、肌肉和神经系统疾病引发的喉咙运动障碍，都容易造成误咽。2.器质性原因：扁桃体炎、咽喉炎、食道炎、食道畸形、食道癌，以及甲状腺和颈椎病等引起的喉部形态变化，也容易造成误咽。3.老化性原因：老人随着年龄的增加，咀嚼功能和吞咽功能下降，容易出现误咽。

## 二、误咽的表现

误咽常发生在进食过程，但有时唾液吞咽也会引起误咽。这时，老人会突然出现急促的咳嗽，满脸潮红，甚至呼吸困难，面部青紫。若不能得到及时救治，老人甚至可能因窒息而失去意识。

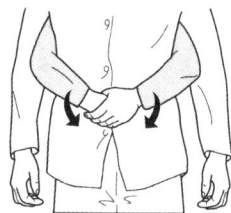

C

## 三、误咽的急救

一旦遇到误咽的紧急情况，可以采取以下方法进行处置。

1.如果患者失去意识，应立即呼叫急救车，在急救医生到达之前，为患者实施心肺复苏急救。2.如果患者尚能咳嗽，应鼓励患者用力从咽部向外咳嗽，利用咳嗽时的气流顶出异物。3.当患者咳出异物困难时，由旁人用背部拍打法帮助咳出异物。拍打开始时，患者无论采取坐姿还是卧姿，都要使背部前倾，头部向下低。在拍打前须告诉患者"我要开始拍打了"，否则突然拍打会让患者受到惊吓。4.如图A、图B所示的拍打法：施救者站在患者身后，用手掌根部用力拍打后背两个肩胛骨中间部位数次。注意：轻轻拍打没有效果。5.如图C、图D所示的腹部挤压法：当患者站立或座位时，施救者将两臂从患者背部伸向前腹肚脐处，两手相互环握，在开始挤压前须告知患者。双臂用力压着患者的肚子由下向上快速提拉数次。当患者趴卧位时，施救者可以用两手兜住患者腹部向上用力提拉挤压，促使患者吐出异物。6.如图E所示，挤出物如果堆积在患者的嗓子眼里，施救者可用一只手指压住患者舌头，再用另只手指从口中掏出异物。

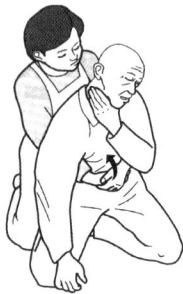

D

E

# 手机遗失的紧急对策

中国已经进入高度依赖手机的时代，如今使用手机在超市和商场支付的老人非常多见。手机支付带给人们极大的便利，但凡事有利就有弊，这种支付方式也存在很大的弱点。万一手机丢失了、被盗了，如何保证微信、支付宝绑定的银行卡不被盗用，个人财产不受损失呢？这一直是困扰老年人的大问题。在这里，我们介绍手机一旦遗失时的紧急对策。

**第1步**

老人在发现手机丢失后，应第一时间向他人借用手机，打电话给手机运营商（移动10086、联通10010、电信10000），要求将丢失的手机号码停机。注意：第一时间要做的不是挂失银行卡，而是向手机运营商申请停机！这是因为手机停机用时最短，客服当即就能办理。

小偷在盗走手机后，如果想取用手机里的钱，要突破两大障碍。1.因不知道支付密码（免密支付的除外），在破解密码前，小偷即使想借你的手机上网消费，却无法通过微信或支付宝转账。2.有时支付是通过提供短信验证码来完成支付的。如果你的手机号码及时停机，小偷就收不到短信验证码，不能成功支付。因此，老人在手机丢失后，保护财产免受损失的最快、最有效的方法，就是立即给手机运营商打电话办理停机。

**第2步**

手机停机后，再打电话给绑定的银行卡客服（银行卡背面有客服热线电话，拨打114也可查询），暂时冻结该账户的交易。成功冻结银行卡后，即使过去设置了免密支付或者小偷破解了密码，卡内的钱也都无法转移出去。

**第3步**

老人还可以打电话给微信支付客服（95017）和支付宝客服（95188），请求暂时冻结账户。这个操作主要针对的是在微信和支付宝里存放了大笔余额的用户。

**第4步**

最后，老人还需要修改微信和支付宝账户的登录密码及支付密码。修改账户密码这一步对老人来说有较大的难度，也需要较长的时间。这是因为老人在手机丢失之后需要购买新手机，而在用新手机登录时，又需要完成各种各样的验证。所以在手机遗失的紧急应对阶段，老人基本可以忽略这最后一步，只要能够迅速地按照前三步进行操作即可。除了手机本身的价值难以挽回外，绑定在手机里的存款一般是可以得到保护的。

人都会有出现过失的时候，老人如果不慎丢失手机或手机被盗，一定不要慌张或着急上火，要保持冷静的头脑，向可信赖的年轻人请求帮助，让损失降到最低。在手机被盗的情况下，不要忘记及时报警备案，这可以防止盗贼利用手机进一步作案，充分保障老人自身的利益。

# 参考文献

## 书籍

1. 《中华人民共和国继承法》，国务院法制办公室编，中国法制出版社，2017.4.

2. 《エンディングノート》，江崎正行監修，二見書房，2013.6.

3. 《あした死んでも後悔しないためのノート》，ひすいこたろう著，ディスカヴァー，2014.1.

4. 《よりよく生きるための断捨離式エンディングノート》，やましたひでこ著，主婦と生活社，2014.4.

5. 《終活入門》，一条真也著，有楽出版社，2014.9.

6. 《死にカタログ》，寄藤文平著，大和書房，2016.12.

7. 《遺言書キット》，本田桂子著，永岡書店，2016.8.

8. 《絵で見る在宅介護》，大田仁史監，保健同人社，2004.6.

9. 《訪問介護員（ホームヘルパー）養成研修テキスト》（第2版），養成研修テキストブック編集委員会編，2009.9.

10. 《自分史年表》，K&B パブリッシャーズ編集部編，K&B パブリッシャーズ，2017.11.

11. 《家族をつなぐエンディングノート》，日本放送協会著，NHK 出版，2017.3.

12. 《書き込み式エンディングノート》，本田桂子著，NHK 出版，2018.6.

13. 《高齢者救急》，岩田充永著，医学書院，2016.1.

14. 《中国历史年表》，中国社会科学院历史研究所著，中华书局，2018.3.

15. 《中共党史大事年表》，中共中央党史研究室著，人民出版社，1987.4.

16. 《中华人民共和国大事记》（1949 年 10 月—2019 年 9 月），中央党史和文献研究院，人民出版社，2019.9.

## 网站

1. 关于遗产税现状，参见中华人民共和国财政部网站，财政部关于政协十二届全国委员会第五次会议第 0107 号（财税金融类 018 号）提案答复的函：http://szs.mof.gov.cn/jytafwgk_8391/2017jytafwgk/2017zxwytafwgk/201710/t20171017_2726094.html.

2. 关于宇宙葬，参见美国塞勒斯提斯公司（Celestis Company）网站：https://www.celestis.com/experiences-pricing/.

3. 关于冷冻复苏葬，参见美国阿尔科生命延续基金会网站：http://www.alcor.org/.

4. 关于冰冻生态葬，参见普罗美森公司网站：http://www.promessa.se/.

5. 《房屋登记办法》（中华人民共和国建设部令第 168 号），参见中华人民共和国中央人民政府网站：http://www.gov.cn/flfg/2008-03/21/content_925686.htm.

6. 《中华人民共和国社会保险法》2018 年修正版，参见中国人大网：http://www.npc.gov.cn/npc/c30834/201901/4a6c13e9f73541ffb2c1b5ee615174f5.shtml.

7. 北京生前预嘱推广协会网站"选择与尊严"：https://www.lwpa.org.cn/.

# 出版后记

《老年实用手册》是一部为老年人晚年生活设计的，涉及自己人生的笔记。最初的原型参照近年日本老年群体中广受欢迎的终活笔记（Ending Note），其中"终活"一词是"终末活动"的缩写语。终活笔记能系统地梳理自己的人生，将晚年生活中诸多忧虑的事情做出合理的安排，对老年人而言是有实用价值的。

日本出版界面向老人推出的终活笔记，目前在中国尚不多见。然而，中国和日本面对的高龄化社会问题是相同的，中国老人同样面临"终末活动"的现实。对此，本书作者宗泽亚先生，多年研究日本老人终末活动的特色，针对中国国情设计了这部老人终活笔记，并命名为《老年实用手册：如何归纳自己的人生》，为老人终末活动提供了一个指南。

在《老年实用手册》的构造设计上，为了重视老人关心的切身利益，各章中插入了相关的科普知识，以"小知识"的形式呈现给读者。在印制和装帧方面，作者和出版社出于阅读舒适、手写感好、隐藏方便等人性化方面的考虑，在装帧上采用了价格较高的软精装的形式，当书页展开时，纸面呈平摊效果，能使读者得到舒适的阅读和手写体验。同时本书配套的独立附件《我的密码本》和《自书遗嘱套装》，采用三件合一的塑封套件形式提供给读者，使本书更具实用性。

《老年实用手册》的完成，得益于作者对日本终活笔记的深入研究，在认真细致、大胆创新、反复修改的基础上，为中国老人读者奉上了适合中国国情的作品。作者创作的初衷，虽然意在为老人晚年生活提供帮助，但是仍会存在不足之处。希望读者在使用中提出批评建议，并反馈给作者和出版社，以便日后改进。

服务热线：133-6631-2326 188-1142-1266
读者信箱：reader@hinabook.com

2020 年 6 月

**图书在版编目（ＣＩＰ）数据**

老年实用手册：如何归纳自己的人生 / 宗泽亚著
. -- 北京：中国友谊出版公司, 2020.5
ISBN 978-7-5057-4847-7

Ⅰ . ①老… Ⅱ . ①宗… Ⅲ . ①老年社会学—通俗读物
Ⅳ . ① C913.6-49

中国版本图书馆 CIP 数据核字 (2019) 第 222119 号

| | |
|---|---|
| **书名** | 老年实用手册：如何归纳自己的人生 |
| **作者** | 宗泽亚 |
| **出版** | 中国友谊出版公司 |
| **发行** | 中国友谊出版公司 |
| **经销** | 新华书店 |
| **印刷** | 天津图文方嘉印刷有限公司 |
| **规格** | 787×1092 毫米　16 开 |
| | 8.75 印张　195 千字 |
| **版次** | 2020 年 7 月第 1 版 |
| **印次** | 2020 年 7 月第 1 次印刷 |
| **书号** | ISBN 978-7-5057-4847-7 |
| **定价** | 88.00 元 |
| **地址** | 北京市朝阳区西坝河南里 17 号楼 |
| **邮编** | 100028 |
| **电话** | （010）64678009 |

# 目 录

个人网络密码      01

公共网络密码      02

银行卡密码      03

信用卡密码      04

第三方支付密码      05

我的银行资产      06

我的投资资产      07

我的投资资产      08

我的不动资产      09

我的其他资产      10

我贷出的私产      11

我借入的私债      12

固定资产借贷      13

车辆险 / 家财险      14

医疗险 / 人寿险      15

遗产处理心愿      16

遗产处理心愿      17

我的私密账户      18

私密的联系人      19

我的小金库      20

我的小金库      21

我的小金库      22

[        ]      23

[        ]      24

| 我的注册 | 用户名（ID） | 登录密码 | 更新密码 |
| --- | --- | --- | --- |
| 手机号 ① | | | |
| 手机号 ② | | | |
| 职场手机号 | | | |
| QQ 号 ① | | | |
| QQ 号 ② | | | |
| 微信号 ① | | | |
| 微信号 ② | | | |
| 自家台式电脑 | | | |
| 自家笔记本电脑 | | | |
| 职场台式电脑 | | | |
| 职场笔记本电脑 | | | |
| 平板电脑 | | | |
| 自家 Wi-Fi | | | |
| 职场 Wi-Fi | | | |
| 我的 IP 地址 ① | | | |
| 我的 IP 地址 ② | | | |
| QQ 信箱 | | | |
| 谷歌信箱 | | | |
| 雅虎信箱 | | | |
| 网易信箱 | | | |
| 职场信箱 | | | |
| | | | |
| | | | |
| | | | |

# 公共网络密码

| 我的注册 | 用户名（ID） | 登录密码 | 更新密码 |
|---|---|---|---|
| 社会保险局网站 | | | |
| 携程旅行网 | | | |
| 12306铁路网 | | | |
| 中国移动网 | | | |
| 中国电信网 | | | |
| 中国联通网 | | | |
| 淘宝购物网 | | | |
| 京东购物网 | | | |
| | | | |
| | | | |
| | | | |
| | | | |
| | | | |
| | | | |
| | | | |
| | | | |
| | | | |
| | | | |
| | | | |
| | | | |
| | | | |

| | 银行名 | | 账户人名 | |
|---|---|---|---|---|
| **银行①** | 银行卡号 | | 银行卡等级 | □ 普卡 □ 金卡 □ |
| | 银行卡密码 | | 卡密码更新 | |
| | 网银登录名 | | 登录名变更 | |
| | 网银登录密码 | | 登录密码更新 | |
| | 绑定电话号码 | | 绑定第三方支付 | □ 支付宝　□ |
| | 银行名 | | 账户人名 | |
| **银行②** | 银行卡号 | | 银行卡等级 | □ 普卡 □ 金卡 □ |
| | 银行卡密码 | | 卡密码更新 | |
| | 网银登录名 | | 登录名变更 | |
| | 网银登录密码 | | 登录密码更新 | |
| | 绑定电话号码 | | 绑定第三方支付 | □ 支付宝　□ |
| | 银行名 | | 账户人名 | |
| **银行③** | 银行卡号 | | 银行卡等级 | □ 普卡 □ 金卡 □ |
| | 银行卡密码 | | 卡密码更新 | |
| | 网银登录名 | | 登录名变更 | |
| | 网银登录密码 | | 登录密码更新 | |
| | 绑定电话号码 | | 绑定第三方支付 | □ 支付宝　□ |
| | 银行名 | | 账户人名 | |
| **银行④** | 银行卡号 | | 银行卡等级 | □ 普卡 □ 金卡 □ |
| | 银行卡密码 | | 卡密码更新 | |
| | 网银登录名 | | 登录名变更 | |
| | 网银登录密码 | | 登录密码更新 | |
| | 绑定电话号码 | | 绑定第三方支付 | □ 支付宝　□ |

## 自家电子设备密码

| | 项　目 | 原始密码 | 密码更新 | 密码更新 |
|---|---|---|---|---|
| **密码** | 保险箱 | | | |
| | | | | |

# 信用卡密码

| | 所属银行 | | 信用卡所有人 | |
|---|---|---|---|---|
| **信用卡①** | 信用卡种类 | ☐ VISA　　☐ | 姓名拼音字母 | |
| | 信用卡账号 | | 卡背面安全码 | |
| | 信用卡有效期 | | 绑定银行卡号 | |
| | 绑定电话号码 | | 绑定电子信箱 | |
| | 取款交易密码 | | 交易密码更新 | |
| | 网站登录名 | | 网站登录密码 | |
| | 信用卡等级 | ☐ 白金卡　☐ | 绑定第三方支付 | ☐ 支付宝　☐ |
| **信用卡②** | 所属银行 | | 信用卡所有人 | |
| | 信用卡种类 | ☐ VISA　　☐ | 姓名拼音字母 | |
| | 信用卡账号 | | 卡背面安全码 | |
| | 信用卡有效期 | | 绑定银行卡号 | |
| | 绑定电话号码 | | 绑定电子信箱 | |
| | 取款交易密码 | | 交易密码更新 | |
| | 网站登录名 | | 网站登录密码 | |
| | 信用卡等级 | ☐ 白金卡　☐ | 绑定第三方支付 | ☐ 支付宝　☐ |
| **信用卡③** | 所属银行 | | 信用卡所有人 | |
| | 信用卡种类 | ☐ VISA　　☐ | 姓名拼音字母 | |
| | 信用卡账号 | | 卡背面安全码 | |
| | 信用卡有效期 | | 绑定银行卡号 | |
| | 绑定电话号码 | | 绑定电子信箱 | |
| | 取款交易密码 | | 交易密码更新 | |
| | 网站登录名 | | 网站登录密码 | |
| | 信用卡等级 | ☐ 白金卡　☐ | 绑定第三方支付 | ☐ 支付宝　☐ |
| **信用卡④** | 所属银行 | | 信用卡所有人 | |
| | 信用卡种类 | ☐ VISA　　☐ | 姓名拼音字母 | |
| | 信用卡账号 | | 卡背面安全码 | |
| | 信用卡有效期 | | 绑定银行卡号 | |
| | 绑定电话号码 | | 绑定电子信箱 | |
| | 取款交易密码 | | 交易密码更新 | |
| | 网站登录名 | | 网站登录密码 | |
| | 信用卡等级 | ☐ 白金卡　☐ | 绑定第三方支付 | ☐ 支付宝　☐ |

| 支付宝支付 | 账户人名 | | 绑定电话 | |
|---|---|---|---|---|
| | 绑定银行名① | | 银行卡号 | |
| | 绑定银行名② | | 银行卡号 | |
| | 绑定银行名③ | | 银行卡号 | |
| | 登录密码 | | 登录密码更新 | |
| | 支付密码 | | 支付密码更新 | |
| | 锁屏密码 | | 锁屏密码更新 | |
| | 手势密码 + 更新 | | | |

| 微信支付 | 账户人名 | | 绑定电话 | |
|---|---|---|---|---|
| | 绑定银行名① | | 银行卡号 | |
| | 绑定银行名② | | 银行卡号 | |
| | 绑定银行名③ | | 银行卡号 | |
| | 登录密码 | | 登录密码更新 | |
| | 支付密码 | | 支付密码更新 | |
| | 锁屏密码 | | 锁屏密码更新 | |
| | 手势密码 + 更新 | | | |

| | 账户人名 | | 绑定电话 | |
|---|---|---|---|---|
| | 绑定银行名① | | 银行卡号 | |
| | 绑定银行名② | | 银行卡号 | |
| | 绑定银行名③ | | 银行卡号 | |
| | 登录密码 | | 登录密码更新 | |
| | 支付密码 | | 支付密码更新 | |
| | 锁屏密码 | | 锁屏密码更新 | |
| | 手势密码 + 更新 | | | |

# 我的银行资产

| 银行名 ① | | 支 行 名 | |
|---|---|---|---|
| 账户人名 | | 银行卡号 | |
| 活期账号 | | 定期账号 | |
| 活期账户额度累计 | 20　　年终　　　　　　元 | 定期账户额度累计 | 20　　年终　　　　　　元 |
| | 20　　年终　　　　　　元 | | 20　　年终　　　　　　元 |
| | 20　　年终　　　　　　元 | | 20　　年终　　　　　　元 |
| | 20　　年终　　　　　　元 | | 20　　年终　　　　　　元 |

| 银行名 ② | | 支 行 名 | |
|---|---|---|---|
| 账户人名 | | 银行卡号 | |
| 活期账号 | | 定期账号 | |
| 活期账户额度累计 | 20　　年终　　　　　　元 | 定期账户额度累计 | 20　　年终　　　　　　元 |
| | 20　　年终　　　　　　元 | | 20　　年终　　　　　　元 |
| | 20　　年终　　　　　　元 | | 20　　年终　　　　　　元 |
| | 20　　年终　　　　　　元 | | 20　　年终　　　　　　元 |

| 银行名 ③ | | 支 行 名 | |
|---|---|---|---|
| 账户人名 | | 银行卡号 | |
| 活期账号 | | 定期账号 | |
| 活期账户额度累计 | 20　　年终　　　　　　元 | 定期账户额度累计 | 20　　年终　　　　　　元 |
| | 20　　年终　　　　　　元 | | 20　　年终　　　　　　元 |
| | 20　　年终　　　　　　元 | | 20　　年终　　　　　　元 |
| | 20　　年终　　　　　　元 | | 20　　年终　　　　　　元 |

| 银行名 ④ | | 支 行 名 | |
|---|---|---|---|
| 账户人名 | | 银行卡号 | |
| 活期账号 | | 定期账号 | |
| 活期账户额度累计 | 20　　年终　　　　　　元 | 定期账户额度累计 | 20　　年终　　　　　　元 |
| | 20　　年终　　　　　　元 | | 20　　年终　　　　　　元 |
| | 20　　年终　　　　　　元 | | 20　　年终　　　　　　元 |
| | 20　　年终　　　　　　元 | | 20　　年终　　　　　　元 |

| 股票交易人 | | | | 交易账户 | | | |
|---|---|---|---|---|---|---|---|
| 交易网登录名 | | | | 存管银行卡号 | | | |
| 网站登录密码 | | | | 登录密码更新 | | | |
| 银行卡密码 | | | | 卡密码更新 | | | |
| 累计交易金额 | 20 年终 | | 元 | 累计银行账户余额 | 20 年终 | | 元 |
| | 20 年终 | | 元 | | 20 年终 | | 元 |
| | 20 年终 | | 元 | | 20 年终 | | 元 |

| 债券交易人 | | | | 交易账户 | | | |
|---|---|---|---|---|---|---|---|
| 交易网登录名 | | | | 存管银行卡号 | | | |
| 网站登录密码 | | | | 登录密码更新 | | | |
| 银行卡密码 | | | | 卡密码更新 | | | |
| 累计交易金额 | 20 年终 | | 元 | 累计银行账户余额 | 20 年终 | | 元 |
| | 20 年终 | | 元 | | 20 年终 | | 元 |
| | 20 年终 | | 元 | | 20 年终 | | 元 |

| 期货交易人 | | | | 交易账户 | | | |
|---|---|---|---|---|---|---|---|
| 交易网登录名 | | | | 存管银行卡号 | | | |
| 网站登录密码 | | | | 登录密码更新 | | | |
| 银行卡密码 | | | | 卡密码更新 | | | |
| 累计交易金额 | 20 年终 | | 元 | 累计银行账户余额 | 20 年终 | | 元 |
| | 20 年终 | | 元 | | 20 年终 | | 元 |
| | 20 年终 | | 元 | | 20 年终 | | 元 |

| 黄金交易人 | | | | 交易账户 | | | |
|---|---|---|---|---|---|---|---|
| 交易网登录名 | | | | 存管银行卡号 | | | |
| 网站登录密码 | | | | 登录密码更新 | | | |
| 银行卡密码 | | | | 卡密码更新 | | | |
| 累计交易金额 | 20 年终 | | 元 | 累计银行账户余额 | 20 年终 | | 元 |
| | 20 年终 | | 元 | | 20 年终 | | 元 |
| | 20 年终 | | 元 | | 20 年终 | | 元 |

# 我的投资资产

| 交易人 | | | | 交易账户 | | | |
|---|---|---|---|---|---|---|---|
| 交易网登录名 | | | | 存管银行卡号 | | | |
| 网站登录密码 | | | | 登录密码更新 | | | |
| 银行卡密码 | | | | 卡密码更新 | | | |
| 累计交易金额 | 20 | 年终 | 元 | 累计银行账户余额 | 20 | 年终 | 元 |
| | 20 | 年终 | 元 | | 20 | 年终 | 元 |
| | 20 | 年终 | 元 | | 20 | 年终 | 元 |

| 交易人 | | | | 交易账户 | | | |
|---|---|---|---|---|---|---|---|
| 交易网登录名 | | | | 存管银行卡号 | | | |
| 网站登录密码 | | | | 登录密码更新 | | | |
| 银行卡密码 | | | | 卡密码更新 | | | |
| 累计交易金额 | 20 | 年终 | 元 | 累计银行账户余额 | 20 | 年终 | 元 |
| | 20 | 年终 | 元 | | 20 | 年终 | 元 |
| | 20 | 年终 | 元 | | 20 | 年终 | 元 |

| 交易人 | | | | 交易账户 | | | |
|---|---|---|---|---|---|---|---|
| 交易网登录名 | | | | 存管银行卡号 | | | |
| 网站登录密码 | | | | 登录密码更新 | | | |
| 银行卡密码 | | | | 卡密码更新 | | | |
| 累计交易金额 | 20 | 年终 | 元 | 累计银行账户余额 | 20 | 年终 | 元 |
| | 20 | 年终 | 元 | | 20 | 年终 | 元 |
| | 20 | 年终 | 元 | | 20 | 年终 | 元 |

| 交易人 | | | | 交易账户 | | | |
|---|---|---|---|---|---|---|---|
| 交易网登录名 | | | | 存管银行卡号 | | | |
| 网站登录密码 | | | | 登录密码更新 | | | |
| 银行卡密码 | | | | 卡密码更新 | | | |
| 累计交易金额 | 20 | 年终 | 元 | 累计银行账户余额 | 20 | 年终 | 元 |
| | 20 | 年终 | 元 | | 20 | 年终 | 元 |
| | 20 | 年终 | 元 | | 20 | 年终 | 元 |

| 第一不动产物件 | □ 土地　　□ 独楼　　□ 公寓　　□ 别墅　　□ 厂房　　□ | | |
| --- | --- | --- | --- |
| 房产所有人 ① | | 房产所有人 ② | |
| 房屋取得时间 | 年　月　日 | 房屋属性 | □ 新建房　□ 二手房 |
| 房屋种类 | □ 楼房 □ | 建筑面积：　　　㎡ | 实用面积：　　　㎡ |
| 房屋所在地址 | 国：　　省：　　市县：　　乡镇村街楼： | | |
| 房屋取得原价 | 元 | 20　年终行情价 | 元 |
| 20　年终行情价 | 元 | 20　年终行情价 | 元 |

| 第一不动产物件 | □ 土地　　□ 独楼　　□ 公寓　　□ 别墅　　□ 厂房　　□ | | |
| --- | --- | --- | --- |
| 房产所有人 ① | | 房产所有人 ② | |
| 房屋取得时间 | 年　月　日 | 房屋属性 | □ 新建房　□ 二手房 |
| 房屋种类 | □ 楼房 □ | 建筑面积：　　　㎡ | 实用面积：　　　㎡ |
| 房屋所在地址 | 国：　　省：　　市县：　　乡镇村街楼： | | |
| 房屋取得原价 | 元 | 20　年终行情价 | 元 |
| 20　年终行情价 | 元 | 20　年终行情价 | 元 |

| 第一不动产物件 | □ 土地　　□ 独楼　　□ 公寓　　□ 别墅　　□ 厂房　　□ | | |
| --- | --- | --- | --- |
| 房产所有人 ① | | 房产所有人 ② | |
| 房屋取得时间 | 年　月　日 | 房屋属性 | □ 新建房　□ 二手房 |
| 房屋种类 | □ 楼房 □ | 建筑面积：　　　㎡ | 实用面积：　　　㎡ |
| 房屋所在地址 | 国：　　省：　　市县：　　乡镇村街楼： | | |
| 房屋取得原价 | 元 | 20　年终行情价 | 元 |
| 20　年终行情价 | 元 | 20　年终行情价 | 元 |

## 我的其他资产

| 序号 | 资产名称 | 摘　要 | 折合人民币 |
|---|---|---|---|
| 1 | | | 元 |
| 2 | | | 元 |
| 3 | | | 元 |
| 4 | | | 元 |
| 5 | | | 元 |
| 6 | | | 元 |
| 7 | | | 元 |
| 8 | | | 元 |
| 9 | | | 元 |
| 10 | | | 元 |
| 11 | | | 元 |
| 12 | | | 元 |
| 13 | | | 元 |
| 14 | | | 元 |
| 15 | | | 元 |
| 16 | | | 元 |
| 17 | | | 元 |
| 18 | | | 元 |
| 19 | | | 元 |
| 20 | | | 元 |
| 21 | | | 元 |
| 22 | | | 元 |
| 23 | | | 元 |
| | | 合计 | 元 |

| 借者人名 | | | 我和借者的关系 | |
|---|---|---|---|---|
| 借者住址 | | | | 电话: |
| 我贷出物件 | □现金　□土地　□住房　□车辆　□首饰　□ | | | |
| 相当金额 | | 元 | 贷出理由 | |
| 借条 / 契约书 | □有　□无 | | 契约保管位置 | |
| 贷出日期 | 年　月　日 | | 约定返还日期 | 年　月　日 |
| 返还日期 | 年　月　日 | | 我的临终愿望 | □索还　□免除 |

| 借者人名 | | | 我和借者的关系 | |
|---|---|---|---|---|
| 借者住址 | | | | 电话: |
| 我贷出物件 | □现金　□土地　□住房　□车辆　□首饰　□ | | | |
| 相当金额 | | 元 | 贷出理由 | |
| 借条 / 契约书 | □有　□无 | | 契约保管位置 | |
| 贷出日期 | 年　月　日 | | 约定返还日期 | 年　月　日 |
| 返还日期 | 年　月　日 | | 我的临终愿望 | □索还　□免除 |

| 借者人名 | | | 我和借者的关系 | |
|---|---|---|---|---|
| 借者住址 | | | | 电话: |
| 我贷出物件 | □现金　□土地　□住房　□车辆　□首饰　□ | | | |
| 相当金额 | | 元 | 贷出理由 | |
| 借条 / 契约书 | □有　□无 | | 契约保管位置 | |
| 贷出日期 | 年　月　日 | | 约定返还日期 | 年　月　日 |
| 返还日期 | 年　月　日 | | 我的临终愿望 | □索还　□免除 |

# 我借入的私债

| 贷主人名 | | 我和贷主的关系 | |
|---|---|---|---|
| 贷主住址 | | 电话: | |
| 我借入物件 | □现金　□土地　□住房　□车辆　□首饰　□ | | |
| 相当金额 | 元 | 借入目的 | |
| 借条／契约书 | □有　□无 | 契约保管位置 | |
| 借入日期 | 年　月　日 | 约定返还日期 | 年　月　日 |
| 返还日期 | 年　月　日 | 我的临终嘱托 | □继续履行　□ |

| 贷主人名 | | 我和贷主的关系 | |
|---|---|---|---|
| 贷主住址 | | 电话: | |
| 我借入物件 | □现金　□土地　□住房　□车辆　□首饰　□ | | |
| 相当金额 | 元 | 借入目的 | |
| 借条／契约书 | □有　□无 | 契约保管位置 | |
| 借入日期 | 年　月　日 | 约定返还日期 | 年　月　日 |
| 返还日期 | 年　月　日 | 我的临终嘱托 | □继续履行　□ |

| 贷主人名 | | 我和贷主的关系 | |
|---|---|---|---|
| 贷主住址 | | 电话: | |
| 我借入物件 | □现金　□土地　□住房　□车辆　□首饰　□ | | |
| 相当金额 | 元 | 借入目的 | |
| 借条／契约书 | □有　□无 | 契约保管位置 | |
| 借入日期 | 年　月　日 | 约定返还日期 | 年　月　日 |
| 返还日期 | 年　月　日 | 我的临终嘱托 | □继续履行　□ |

| 购房贷款 | | 贷款银行 | |
|---|---|---|---|
| 银行地址 | | 银行电话 | |
| 房屋属性 | □新建　□二手 | 房屋种类 | □楼房　□ |
| 房屋面积 | ㎡ | 购入金额 | 元 |
| 贷款总额 | 元 | 贷款利息 | 元／月 |
| 首付金额 | 元 | 月供金额 | 元／月 |
| 还贷开始日期 | 年　月　日 | 还贷终止日期 | 年　月　日 |
| 房屋用途 | □居住　□门市　□写字楼　□出租　□炒房　□ | | |
| 房屋所有权人 | □本人　□配偶　□夫妻共有　□夫父母　□妻父母　□ | | |

| 购车贷款 | | 贷款银行 | |
|---|---|---|---|
| 银行地址 | | 银行电话 | |
| 车辆属性 | □新车　□二手 | 车辆品牌 | □大众　□ |
| 车辆型号 | | 购入金额 | 元 |
| 贷款总额 | 元 | 贷款利息 | 元／月 |
| 首付金额 | 元 | 月供金额 | 元／月 |
| 还贷开始日期 | 年　月　日 | 还贷终止日期 | 年　月　日 |
| 车辆用途 | □家用　□事业 | 车辆牌号 | |
| 车辆所有权人 | □本人　□配偶　□夫妻共有　□夫父母　□妻父母　□ | | |

# 车辆险 / 家财险

| 保险公司名 | | 投保险项：□ 交强险　□ | |
|---|---|---|---|
| 保险单号 | | 保险金额 | 元／年 |
| 保险契约人 | | 车辆名称 | |
| 车牌号 | | 车辆识别代码 | |
| 保险契约日 | 年　月　日 | 保险满期日 | 年　月　日 |
| 保险公司电话 | ① | ② | |

| 保险公司名 | | 投保险项：□ 交强险　□ | |
|---|---|---|---|
| 保险单号 | | 保险金额 | 元／年 |
| 保险契约人 | | 车辆名称 | |
| 车牌号 | | 车辆识别代码 | |
| 保险契约日 | 年　月　日 | 保险满期日 | 年　月　日 |
| 保险公司电话 | ① | ② | |

| 保险公司名 | | 投保险项：□ 火灾　□ | |
|---|---|---|---|
| 保险单号 | | 保险金额 | 元／年 |
| 保险契约人 | | 保险费率 | ‰ |
| 建筑物名称 | | 建筑物价格评估 | 元 |
| 保险契约日 | 年　月　日 | 保险满期日 | 年　月　日 |
| 保险公司电话 | ① | ② | |

| 保险公司名 | | 投保险项：□ 盗窃　□ | |
|---|---|---|---|
| 保险单号 | | 保险金额 | 元／年 |
| 保险契约人 | | 保险费率 | ％ |
| 物件名称 | | 物件价格评估 | 元 |
| 保险契约日 | 年　月　日 | 保险满期日 | 年　月　日 |
| 保险公司电话 | ① | ② | |

| 保险公司名 | | 保险商品名 | |
|---|---|---|---|
| 保险单号 | | 保险金额 | 元 / 年 |
| 保险契约人 | | 医疗险种类 | |
| 被保险人名 | | 保险金受益人 | |
| 保险契约日 | 年　月　日 | 保险满期日 | 年　月　日 |
| 保险公司电话 | | | |

| 保险公司名 | | 保险商品名 | |
|---|---|---|---|
| 保险单号 | | 保险金额 | 元 / 年 |
| 保险契约人 | | 医疗险种类 | |
| 被保险人名 | | 保险金受益人 | |
| 保险契约日 | 年　月　日 | 保险满期日 | 年　月　日 |
| 保险公司电话 | | | |

| 保险公司名 | | 保险商品名 | |
|---|---|---|---|
| 保险单号 | | 保险金额 | 元 / 年 |
| 保险契约人 | | 生命险种类 | |
| 被保险人名 | | 保险金受益人 | |
| 保险契约日 | 年　月　日 | 保险满期日 | 年　月　日 |
| 保险公司电话 | | | |

| 保险公司名 | | 保险商品名 | |
|---|---|---|---|
| 保险单号 | | 保险金额 | 元 / 年 |
| 保险契约人 | | 生命险种类 | |
| 被保险人名 | | 保险金受益人 | |
| 保险契约日 | 年　月　日 | 保险满期日 | 年　月　日 |
| 保险公司电话 | | | |

# 遗产处理心愿

### 1. 现金

| 现金额度 | 受赠人姓名 | 关　系 | 银行名 | 银行卡号 |
|---|---|---|---|---|
| 元 | | | | |
| 元 | | | | |
| 元 | | | | |
| 元 | | | | |
| □ 按照遗书中记载的执行 | 执行监督人： | | 电话： | |
| □ 由家庭成员商议决定 | 执行监督人： | | 电话： | |
| □ 由委托律师代理执行 | 执行监督人： | | 电话： | |

### 2. 不动产

| 不动产名称 | 受赠人姓名 | 关　系 | 不动产地址 | 建筑面积 / 实用面积 |
|---|---|---|---|---|
| | | | | ㎡ / ㎡ |
| | | | | ㎡ / ㎡ |
| | | | | ㎡ / ㎡ |
| | | | | ㎡ / ㎡ |
| □ 按照遗书中记载的执行 | 执行监督人： | | 电话： | |
| □ 由家庭成员商议决定 | 执行监督人： | | 电话： | |
| □ 由委托律师代理执行 | 执行监督人： | | 电话： | |

### 3. 收藏物

| 收藏品名称 | 继承人姓名 | 关　系 | 收藏和转卖条件 |
|---|---|---|---|
| | | | |
| | | | |
| | | | |
| | | | |
| □ 按照遗书中记载的执行 | 执行监督人： | 电话： | |
| □ 由家庭成员商议决定 | 执行监督人： | 电话： | |
| □ 由委托律师代理执行 | 执行监督人： | 电话： | |

### 4. 著作权、日记、照片、原稿、电子设备中的数据资料

| 物品名称 | 委托收藏人 | 关　系 | 委托收藏继承理由 |
|---|---|---|---|
|  |  |  |  |
|  |  |  |  |
|  |  |  |  |
|  |  |  |  |
|  |  |  |  |
|  |  |  |  |
|  |  |  |  |
|  |  |  |  |
| □ 按照遗书中记载的执行 | 执行监督人： | | 电话： |
| □ 由家庭成员商议决定 | 执行监督人： | | 电话： |
| □ 由委托律师代理执行 | 执行监督人： | | 电话： |

### 5. 其他非出售遗留物

| 物品名称 | 受赠人姓名 | 关　系 | 赠与理由和条件 |
|---|---|---|---|
|  |  |  |  |
|  |  |  |  |
|  |  |  |  |
|  |  |  |  |
|  |  |  |  |
|  |  |  |  |
|  |  |  |  |
|  |  |  |  |
| □ 按照遗书中记载的执行 | 执行监督人： | | 电话： |
| □ 由家庭成员商议决定 | 执行监督人： | | 电话： |
| □ 由委托律师代理执行 | 执行监督人： | | 电话： |

# 我的私密账户

| | | | | |
|---|---|---|---|---|
| 银行 | 银行名 | | 账户人名 | |
| | 银行卡号 | | 银行卡等级 | □ 普卡 □ 金卡 □ |
| | 银行卡密码 | | 卡密码更新 | |
| | 网银登录名 | | 登录名变更 | |
| | 网银登录密码 | | 登录密码更新 | |
| | 绑定电话号码 | | 绑定第三方支付 | □ 支付宝 □ |
| | U 盾 / 动态口令 | □ 有　　□ 无 | 设定密码 | |
| 信用卡 | 所属银行 | | 卡本人姓名 | |
| | 信用卡种类 | □ VISA □ | 卡姓名拼音 | |
| | 信用卡账号 | | 卡背面安全码 | |
| | 信用卡有效期 | | 绑定银行卡号 | |
| | 绑定电话号码 | | 绑定电子信箱 | |
| | 取款交易密码 | | 交易密码更新 | |
| | 网站登录户名 | | 网站登录密码 | |
| | 信用卡等级 | □ 普通卡 □ | 绑定第三方支付 | □ 支付宝 □ |
| 支付宝 | 账户人名 | | 绑定电话 | |
| | 绑定银行名① | | 银行卡号 | |
| | 绑定银行名② | | 银行卡号 | |
| | 绑定银行名③ | | 银行卡号 | |
| | 登录密码 | | 登录密码更新 | |
| | 支付密码 | | 支付密码更新 | |
| 微信支付 | 账户人名 | | 绑定电话 | |
| | 绑定银行名① | | 银行卡号 | |
| | 绑定银行名② | | 银行卡号 | |
| | 绑定银行名③ | | 银行卡号 | |
| | 登录密码 | | 登录密码更新 | |
| | 支付密码 | | 支付密码更新 | |

| 姓　名 | 性　别 | 住　址 | 固定电话 |
|---|---|---|---|
| | 年　龄 | 手机号 | QQ 号 |
| | 关　系 | 微信号 | 电子信箱 |
| | □男 □女 | | |
| | 岁 | | |
| | | | |
| | □男 □女 | | |
| | 岁 | | |
| | | | |
| | □男 □女 | | |
| | 岁 | | |
| | | | |
| | □男 □女 | | |
| | 岁 | | |
| | | | |
| | □男 □女 | | |
| | 岁 | | |
| | | | |
| | □男 □女 | | |
| | 岁 | | |
| | | | |
| | □男 □女 | | |
| | 岁 | | |
| | | | |

## 我的小金库

| 收钱/物 | 支钱/物 | 收支对象 | 收支时间 | 因 由 | 折合人民币 |
|---|---|---|---|---|---|
| | | | 年　月　日 | | 元 |
| | | | 年　月　日 | | 元 |
| | | | 年　月　日 | | 元 |
| | | | 年　月　日 | | 元 |
| | | | 年　月　日 | | 元 |
| | | | 年　月　日 | | 元 |
| | | | 年　月　日 | | 元 |
| | | | 年　月　日 | | 元 |
| | | | 年　月　日 | | 元 |
| | | | 年　月　日 | | 元 |
| | | | 年　月　日 | | 元 |
| | | | 年　月　日 | | 元 |
| | | | 年　月　日 | | 元 |
| | | | 年　月　日 | | 元 |
| | | | 年　月　日 | | 元 |
| | | | 年　月　日 | | 元 |
| | | | 年　月　日 | | 元 |
| | | | 年　月　日 | | 元 |
| | | | 年　月　日 | | 元 |
| | | | 年　月　日 | | 元 |
| | | | 年　月　日 | | 元 |
| | | | 年　月　日 | | 元 |
| | | | | 合　计 | 元 |

| 收钱/物 | 支钱/物 | 收支对象 | 收支时间 | 因　由 | 折合人民币 |
|---|---|---|---|---|---|
| | | | 年　月　日 | | 元 |
| | | | 年　月　日 | | 元 |
| | | | 年　月　日 | | 元 |
| | | | 年　月　日 | | 元 |
| | | | 年　月　日 | | 元 |
| | | | 年　月　日 | | 元 |
| | | | 年　月　日 | | 元 |
| | | | 年　月　日 | | 元 |
| | | | 年　月　日 | | 元 |
| | | | 年　月　日 | | 元 |
| | | | 年　月　日 | | 元 |
| | | | 年　月　日 | | 元 |
| | | | 年　月　日 | | 元 |
| | | | 年　月　日 | | 元 |
| | | | 年　月　日 | | 元 |
| | | | 年　月　日 | | 元 |
| | | | 年　月　日 | | 元 |
| | | | 年　月　日 | | 元 |
| | | | 年　月　日 | | 元 |
| | | | 年　月　日 | | 元 |
| | | | 年　月　日 | | 元 |
| | | | 年　月　日 | | 元 |
| | | | | 合　计 | 元 |

# 我的小金库

| 收钱／物 | 支钱／物 | 收支对象 | 收支时间 | | | 因　由 | 折合人民币 |
|---|---|---|---|---|---|---|---|
| | | | 年 | 月 | 日 | | 元 |
| | | | 年 | 月 | 日 | | 元 |
| | | | 年 | 月 | 日 | | 元 |
| | | | 年 | 月 | 日 | | 元 |
| | | | 年 | 月 | 日 | | 元 |
| | | | 年 | 月 | 日 | | 元 |
| | | | 年 | 月 | 日 | | 元 |
| | | | 年 | 月 | 日 | | 元 |
| | | | 年 | 月 | 日 | | 元 |
| | | | 年 | 月 | 日 | | 元 |
| | | | 年 | 月 | 日 | | 元 |
| | | | 年 | 月 | 日 | | 元 |
| | | | 年 | 月 | 日 | | 元 |
| | | | 年 | 月 | 日 | | 元 |
| | | | 年 | 月 | 日 | | 元 |
| | | | 年 | 月 | 日 | | 元 |
| | | | 年 | 月 | 日 | | 元 |
| | | | 年 | 月 | 日 | | 元 |
| | | | 年 | 月 | 日 | | 元 |
| | | | 年 | 月 | 日 | | 元 |
| | | | 年 | 月 | 日 | | 元 |
| | | | 年 | 月 | 日 | | 元 |
| | | | | | 合　计 | | 元 |

# 使用注意事项

1. 密码本应放置在隐秘和有锁保护的地方收藏。

2. 密码本不要交给他人保管，防止秘密泄漏。

3. 为确保金融信息的安全，建议定期更新密码。

4. 活用密码本预留页，增添自定义的新内容。

5. 密码本应与银行卡、存折、U 盾、手机分离保管。

6. 遗嘱中财产继承的保护，建议取得法律上的支持。